PACOTE ANTICRIME: TEMAS RELEVANTES

Walter Nunes da Silva Júnior
Olavo Hamilton
(Organizadores)

PACOTE ANTICRIME: TEMAS RELEVANTES

Caio Vanuti Marinho de Melo
Fernando Wallace Ferreira Pinto
Gabriel Lucas Moura de Souza
Guilherme de Negreiros Diógenes Reinaldo
Maria Beatriz Maciel de Farias
Natália Galvão da Cunha Lima Freire
Olavo Hamilton Ayres Freire de Andrade
Walter Nunes da Silva Júnior

Copyright © 2021
All rights reserved.

OWL – EDITORA JURÍDICA
Rua Princesa Isabel, 888, Cidade Alta
Natal-RN
Brasil
CEP 59.025-400.
editora@owl.etc.br • www.owl.etc.br

CONSELHO EDITORIAL
Ana Beatriz Ferreira Rebello Presgrave
Carlos Wagner Dias Ferreira
Edilson Pereira Nobre Júnior
Francisco Barros Dias
Francisco de Queiroz Bezerra Cavalcanti
Hallyson Rêgo Bezerra
Marcelo Alves Dias de Souza
Marcelo Navarro Ribeiro Dantas
Marcelo Pinto da Costa Neves
Marco Bruno Miranda Clementino
Maria dos Remédios Fontes Silva
Olavo Hamilton Ayres Freire de Andrade
Paulo Afonso Linhares
Walter Nunes da Silva Júnior

> Pacote anticrime: temas relevantes / Walter Nunes da Silva Júnior, Olavo Hamilton (orgs.) – Natal : OWL, 2021.
> 238p.
>
> ISBN: 979-8581101049
>
> 1. Processo penal. 2. Pacote anticrime.

SUMÁRIO

APRESENTAÇÃO 9
Walter Nunes da Silva Júnior

CAPÍTULO 1 19
Acordo de Não Persecução Penal (ANPP)
Walter Nunes da Silva Júnior

1. Sistemas acusatório, inquisitvo, misto e adversarial 22
   1.1 Sistemas do Código de Processo Penal de 1941 e evolução para o modelo acusatório e incorporação de institutos da justiça consensual ou negocial 23
   1.2 Justiça negocial ou consensual com assunção de culpa ou aceitação da pena: *plea bargain* 30
   1.3 Justiça criminal negociada no Brasil: transação, suspensão condicional do processo e colaboração premiada 35
2. Acordo de Não Persecução Penal (ANPP) 40
   2.1 Conceito, natureza jurídica e paradigmas do Direito Comparado do ANPP 40
   2.2 Requisitos para o acordo de não persecução penal 45
   2.3 Condições ou medidas restritivas impostas no ANPP 53
   2.4 Vedações ao ANPP 56
3. Procedimento do ANPP e efeitos jurídicos 60
   3.1 Fase extraprocessual do ANPP 60
   3.2 Fase judicial 65
   3.3 Efeitos do ANPP 78
Considerações finais 80
Bibliografia 81

CAPÍTULO 2 87
A desproporcional execução antecipada da pena nas condenações proferidas pelo Tribunal do Júri
Olavo Hamilton

1. Da defesa plena aos veredictos soberanos no Tribunal do Júri 91
2. A desproporcional execução antecipada da pena 93
   2.1. Uma medida inadequada 93
   2.2. A desnecessária antecipação da pena 96
Considerações finais 98
Bibliografia 99

CAPÍTULO 3 101
A nova dinâmica procedimental da colaboração premiada
Caio Vanuti Marinho de Melo

1. A criação de um procedimento de negociação 103
2. Novos critérios durante o juízo de homologação e a obrigatoriedade da audiência com o colaborador 113

3. A técnica da decisão que concede os benefícios da colaboração 122
Considerações finais 125
Bibliografia 127

CAPÍTULO 4 .... **131**
A cadeia de custódia da prova e sua (in)eficiência diante da desvalorização da forma processual
Gabriel Lucas Moura de Souza
Natália Galvão da Cunha Lima Freire

1. A forma processual como instrumento de garantia dos direitos fundamentais 133
    1.1 As raízes do processo: garantia e controle do poder punitivo 134
    2.2 De garantia para mera recomendação: a derrocada do papel protetivo do processo penal através da relativização das nulidades 138
2. A cadeia de custódia da prova como esmiuçamento da proteção do devido processo legal 142
    2.1 Breves apontamentos sobre a evolução da teoria da prova e do devido processo legal 144
    2.2 Contribuições da lei 13.964/19 na efetivação de um processo penal constitucional a partir da cadeia de custódia da prova 146
3. O futuro refletindo o passado: a custódia da memória e o tratamento do artigo 226 do Código de Processo Penal 149
    3.1 O problema da memória no processo penal analógico 150
    3.2 Francisco Campos seria um garantista? A custódia da memória no Código de Processo Penal 152
    3.3 A indiferença jurisprudencial diante da cadeia de custódia da memória 156
Considerações finais 160
Bibliografia 161

CAPÍTULO 5 .... **165**
Obstáculos à identificação criminal através de coleta compulsória de material genético
Guilherme de Negreiros Diógenes Reinaldo

1. Colisão entre Direitos Fundamentais em estados democráticos: o exemplo privilegiado da coleta de identificação genética 166
2. Expansão do Banco Nacional Multibiométrico e de Impressões Digitais: obstáculos à experiência brasileira 172
Considerações finais 179
Bibliografia 183

CAPÍTULO 6 .... **185**
Enrijecimento penal ou necessidade social: uma análise sobre a (in)constitucionalidade da alteração do período máximo de cumprimento da pena privativa de liberdade
Maria Beatriz Maciel de Farias

1. Punitivismo no Brasil 188
2. As funções da pena e suas justificativas 190
    2.1 Função da pena no Código Penal Brasileiro 192
3. O "Pacote Anticrime" 193

3.1 Discussão sobre a constitucionalidade da alteração do patamar do período de cumprimento da pena privativa de liberdade.. 195
3.2 Aumentar a pena resulta na diminuição da criminalidade? 198
Considerações finais.. 200
Bibliografia.. 202

CAPÍTULO 7 205
A prisão preventiva e sua natureza cautelar: modificações normativas e aspectos relevantes acerca do instituto processual penal
Fernando Wallace Ferreira Pinto

1. Espécies de prisão para melhor entendimento das características da prisão preventiva. 206
2. Aspectos gerais sobre a Prisão Preventiva. 211
   2.1 Modificações normativas na Prisão Preventiva antes da Constituição de 1988. 214
   2.1.1 A natureza cautelar da Prisão Preventiva. A Constituição de 1988 como instrumento de garantia do Direito de Liberdade. 218
   2.1.1.1 Modificações normativas na Prisão Preventiva após a promulgação da Constituição de 1988. Pacote anticrime.. 225
   2.1.1.1.1 Sisitema Acusatório como espécie do gênero Sistema Jurídico. 230
Considerações finais.. 233
Bibliografia.. 235

APRESENTAÇÃO

Walter Nunes da Silva Júnior

Eis o segundo livro oriundo dos estudos realizados no Projeto de Pesquisa *O direito criminal como corpo normativo construtivo do sistema de proteção dos direitos e garantias fundamentais, nas perspectivas subjetiva e objetiva*, desenvolvido na Universidade Federal do Rio Grande do Norte, sob a Coordenação Científica do Professor-Doutor Walter Nunes da Silva Júnior.

O projeto de pesquisa compreende o exame do Direito Criminal como corpo normativo de proteção dos direitos fundamentais tanto na pesquisa subjetiva quanto objetiva, no escopo de investigar não apenas as decisões judiciais como a conformidade da legislação com a Constituição, o que se mostra de especial relevância, tendo em conta que o ordenamento jurídico nesse ambiente é estruturado a partir de códigos que foram promulgados para uma realidade da sociedade brasileira da metade do Século XX, um Brasil ainda marcadamente de índole rural, tentando iniciar os passos para a modernidade. Ademais, não se pode esquecer que os Códigos Penal e Processual Penal foram editados sob a égide da Constituição de 1937, a Constituição mais retrógrada da nossa história constitucional.

Por isso mesmo, desde a Constituição de 1988 estamos, a um só tempo, no processo de *desconstrução* do modelo processual misto/inquisitivo e concomitante *construção* de um sistema processual arquitetado sob as bases do sistema acusatório. Não tem sido fácil, na

APRESENTAÇÃO

medida em que se trata de uma questão de *ordem cultural*, que se apresenta como barreira para a implantação do modelo acusatório, alvitrada por sucessivas leis processuais editadas a partir da nova ordem constitucional, especialmente pela Reforma Tópica consolidada em 2008, mediante a edição das Leis nºs 11.689, 11.690 e 11.719, todas de 2008, e complementada pela Lei nº 11.403, de 2011.

A Lei nº 13.964, de 2019, denominada Pacote Anticrime, deu passo decisivo para a consolidação do sistema acusatório, sendo necessário aprofundar os estudos a seu respeito, a fim de identificar a sua importância e efetiva contribuição para a sedimentação desse movimento reformista do nosso sistema normativo criminal.

Abordagem deste livro parte da consideração de que o surgimento da ciência criminal se deu por volta da segunda metade do Século XVIII, sob a orientação do pensamento filosófico-liberal plasmado na obra *Dos delitos e das penas*, de autoria de Cesare Beccaria.

Àquela época, o Estado era absoluto, e a persecução penal — mero ritual — era deduzida sem o conhecimento de *regras* ou *limites*, circunstância que dava guarida à prática de toda sorte de arbitrariedades, como julgamentos secretos, negativa do direito de defesa, aplicação da tortura e a utilização de penas infamantes e excessivamente cruéis.

A ideia central de Beccaria era a *processualização* do direito de punir como instrumento indispensável para limitar a persecução criminal, contraponto ao *Direito Penal do Terror*, cuja plataforma era a dominação do indivíduo mediante a sua subjugação física à força do Estado.

Assim, ao contrário do que se supõe, o Direito Processual Penal não surgiu tendo como escopo *armar* o Estado no *combate* à criminalidade. A intenção efetiva foi de impor limites ao *jus persequendi*, por meio da edificação de regras indispensáveis à legitimação desse agir estatal.

Esse viés do Direito criminal foi desvirtuado pela *Escola Positiva*, que surgiu na primeira metade do Século XIX (LOMBROSO 1983) com a pretensão de mudar o foco de preocupação do Direito criminal e privilegiar, na relação processual penal, a posição do Estado. A razão de ser do processo criminal não seria mais a garantia dos direitos do acusado, mas a *defesa social*, i. e., defender o estado. O pensamento liberal foi desconstruído com a radicalização do discurso jurídico operada por *Escolas Neopositivistas*.

A partir daí passaram a ser conhecidos 3 (três) modelos ou sistemas processuais criminais: o *acusatório*, o *inquisitivo* e o *misto*. Como uma derivação do sistema acusatório, foi concebido o denominado *sistema adversarial*, forjado no ambiente dos países da família do *common law*, no qual há uma ampla margem de negociação entre as partes, permitindo a solução do problema penal de forma *consensuada*.

O nosso Código de Processo Penal, ainda hoje em vigor, foi elaborado no contexto do apogeu do pensamento expressado pela Escola Positiva, notadamente da Escola do *Tecnicismo Jurídico*, a qual inspirou o código criminal italiano de 1930, de verniz *fascista* e *inquisitivo*, que serviu de paradigma para a concepção do arcabouço normativo nacional.

Na exposição de motivos do nosso CPP, o então ministro Francisco Campos, no pressuposto de que os réus possuíam um *extenso catálogo de garantias e favores*, arrematou que era necessário ajustar as leis processuais no desiderato de servirem de instrumento a *maior eficiência e energia da ação repressiva do Estado contra os que delinquem* (2001, 6).

APRESENTAÇÃO

Como se observa, com essas ideias, o Código de Processo Penal de 1941, ainda vigente, foi pensado como um *instrumento de força* a ser manejado pelo Estado para *combater* a criminalidade, concebendo o ambiente processual como uma arena, na qual é travada verdadeira *guerra* entre o *bem* e o *mal*.

A sua eficiência não estava na proteção dos direitos da pessoa acusada, mas, sim, em conseguir a punição. O escopo do processo passou a ser descobrir a *verdade*, a chamada *verdade real* – algo que ontologicamente não existe e, ainda que possível em alguns casos, esse não deve ser o fim do processo. Nesse desenho, o que importa para o processo, e especialmente para o juiz o responsável em *combater o crime*, é descobrir a verdade, sendo irrelevante o meio empregado: *os fins justificam os meios*. Em outras palavras, é o *vale tudo processual*, a fim de conseguir a punição.

A doutrina e a jurisprudência nacionais eram complacentes quanto à forma empregada para a produção das provas, privilegiando-se o *descobrimento da verdade*, sem embargo da aplicação do princípio da proporcionalidade e da necessidade da demonstração do prejuízo, mesmo nos casos de nulidade absoluta, a fim de escoimar vício, sendo mantida até hoje essa tendência jurisprudencial do Supremo Tribunal Federal e do Superior Tribunal de Justiça.

Essa intenção política embutida no CPP descaracterizou a figura do juiz, na medida em que o fez assumir uma atuação proativa no processo e mesmo na fase pré-processual, ao tempo em que o Ministério Público não foi concebido como parte e o acusado – assim como o ofendido, diga-se –, foi tratado como *mera prova*, isto é, *uma coisa*, não como sujeito de direitos na relação processual. O acusado passou a interessar ao processo tanto quanto ele valia como *prova*, não como *parte* a quem deve ser assegurada a ampla defesa e tem interesse legítimo a ser defendido no feito, como algo inerente à condição humana.

Neste estudo não se abordará a figura do juiz das garantias, tendo em consideração a liminar da lavra do Ministro Luiz Fux do Supremo Tribunal Federal na Ação Direta de Inconstitucionalidade nº 6.298, suspendendo, por enquanto, a implantação desse instituto em nosso meio.

Os capítulos que compõem o presente livro são os seguintes:

Capítulo 1: *Acordo de não persecução penal – ANPP*, da autoria de Walter Nunes da Silva Júnior.

Este primeiro capítulo, tem como foco a promoção pela Lei nº 13.964, de 2019, da mutação do nosso sistema processual penal do modelo misto com forte sotaque inquisitivo e punitivista para o acusatório com incorporação de ideias típicas do ordenamento jurídico americano que segue o método adversarial, conferindo, assim, largos espaços para que as partes negociem a solução do problema criminal de forma consensual, por meio da negociação. O Acordo de Não Persecução Penal – ANPP, adotado em nosso meio, foi previsto como instrumento processual hábil para alvitrar a resolução da questão criminal por meio do consenso estabelecido entre as partes, com a vantagem do *plea bargain* estadunidense pela circunstância de não implicar em reconhecimento de culpa ou aplicação de pena. Diante da abrangência da aplicação do ANPP, estreme de dúvidas, doravante, a expressa maioria dos crimes praticados sem violência ou grave ameaça serão resolvidos mediante acordo e de modo abreviado e mediante acordo, o que terá o condão de modificar, profundamente, o perfil da jurisdição criminal, na medida em que a forma tradicional heterocompositiva será a

APRESENTAÇÃO

exceção, com consequente reserva da movimentação em toda a sua potência das engrenagens da máquina jurisdicional para os crimes violentos, praticados por organizações criminosos ou crimes de média gravidade, porém praticados em concurso material, com consequente elevação da pena mínima para além de 4 (quatro) anos.

Capítulo 2: *A desproporcional execução antecipada da pena nas condenações proferidas pelo Tribunal do Júri*, da autoria de Olavo Hamilton.

Segundo o autor desse capítulo, a medida que estabelece obrigatória a execução provisória da pena sempre que a condenação pelo Tribunal do Júri seja igual ou superior a 15 anos de reclusão, expedindo-se imediatamente o mandado de prisão, não tendo efeito suspensivo a apelação interposta pelo réu, é inadequada e desnecessária, devendo ser considerada desproporcional e, por isso, inconstitucional. Inadequada, uma vez que não representa qualquer ganho quanto à concretização da garantia fundamental de que trata a soberania dos veredictos, que mais se relaciona com a segurança dos julgados do que com a urgência de seu cumprimento e, em última análise, traduz-se em garantia individual que não pode ser invocada contra o réu. Desnecessária porque se tem como objetivo a rápida "resposta" do sistema de justiça criminal no contexto do Tribunal do Júri, a partir de medidas administrativas e processuais menos gravosas seria possível obter o mesmo resultado (abreviar o início do cumprimento da pena) sem afetar os direitos e garantias reservados ao réu – consistentes na liberdade, plenitude de defesa e presunção de não culpabilidade.

Capítulo 3: *A nova dinâmica procedimental da colaboração premiada*, da autoria de Caio Vanuti Marinho de Melo.

Nessa parte do livro Buscou-se fazer um a análise sobre as principais alterações no procedimento da colaboração premiada, promovidas pelo famigerado pacote anticrime (Lei 13.964, de 2019). Nesse sentido foram destacadas três das fases desse procedimento, quais sejam a negociação, homologação e concessão dos benefícios. Evidencia-se a patente evolução quanto ao tratamento normativo conferido, com o preenchimento de lacunas deixadas pela redação original da Lei 12.850, de 2013, apesar de remanescerem algumas questões e terem surgido novas problemáticas, em virtude de tais alterações.

Capítulo 4: *A cadeia de custódia da prova e sua (in)eficiência diante da desvalorização da forma processual*, da autoria de Gabriel Lucas Moura de Souza e Natália Galvão da Cunha Lima Freira.

O capítulo tem como foco realizar uma leitura crítica do novel instituto previsto no art. 158-A e seguintes do CPP, responsável por positivar no diploma processual penal o regime da cadeia de custódia da prova. Parte-se da análise da função do processo penal, estabelecendo sua instrumentalidade constitucional para reafirmar o caráter protetivo que as formas processuais penais exercem. Dentro desse recorte, busca-se no regramento do reconhecimento pessoas e coisas (art. 226, CPP) um eixo de análise, denunciando o tamanho desvalor que aquilo que representa o embrião da cadeia de custódia da prova (no caso, da memória) vem sendo tratado pelos tribunais nos últimos anos. Em suma, denuncia-se que os atores do direito devem assumir o protagonismo de oferecer eficácia aos modernos dispositivos que regram a cadeia de custódia da prova, de forma a não os relegar ao papel de recomendações desprestigiadas na prática.

APRESENTAÇÃO

Capítulo 5: *Obstáculos à identificação criminal através de coleta compulsória de material genético*, da autoria de Guilherme de Negreiros Diógenes Reinaldo.

Este capítulo toma como ponto de partida o debate sobre a colisão entre Direitos Fundamentais decorrente da coleta compulsória de dados genéticos para fins de identificação e investigação criminal, com o intuito de compreender os eventuais obstáculos à implementação concreta da normatividade prevista na Lei 13.964/2019, conhecida como *Pacote Anticrime*, bem como discutir suas possíveis dimensões e consequências, sejam elas positivas ou negativas, sob a ótica do Direito Constitucional. Para tanto, inicialmente é debatido o tratamento dado à matéria no Direito Comparado, para em seguida serem explicados os aspectos controversos da normatividade trazida pela Lei 13.964/2019, no tocante à coleta de dados genéticos. Em seguida, discute-se os obstáculos de natureza administrativa e sociológica à concretização das inovações trazidas pela Lei 13.964/2019, concluindo-se que o não enfrentamento, por parte da norma, a certos questionamentos pode vir a frustrar a sua tentativa de causar uma maior resolução de crimes.

Capítulo 6: *Enrijecimento penal ou necessidade social: uma análise sobre a (in)constitucionalidade da alteração do período máximo de cumprimento da pena privativa de liberdade*, da autoria de Maria Beatriz Maciel de Farias.

Essa parte do estudo tem como objeto a alteração no patamar máximo do cumprimento da pena privativa de liberdade promovida pela lei 13.964, de 2019. Aspectos crítico-sociais serão abordados, perpassando por uma pesquisa sobre o punitivismo brasileiro e analisando as funções da pena no ordenamento jurídico. Possui como justificativa o debate sobre não só a constitucionalidade de medidas mais punitivistas como também a sua efetividade para diminuir as taxas de criminalidade e violência do Brasil. Analisa criticamente a constitucionalidade da alteração do art. 75 do Código Penal e sua possível compatibilização frente aos preceitos legais. Por fim, expressa pensamento crítico sobre uma possível redução ou aumento da criminalidade, concluindo pela inconstitucionalidade do aumento do lapso temporal da permanência de uma pessoa no cárcere.

Capítulo 7: *A prisão preventiva e sua natureza cautelar: modificações normativas e aspectos relevantes promovidas pela Lei nº 13.964, de 2019*, da autoria de Fernando Wallace Ferreira Pinto.

Este último Capítulo se volta à análise das modificações normativas, tendo como paradigma a mordem constitucional vigente, que trata direito de liberdade de modo analítico, garantia a todos assegurada independentemente do tipo de crime praticado, permitindo apenas excepcionalmente a sua supressão antes da condenação definitiva. Nesse contexto, aplaude a iniciativa legislativa de estabelecer prazo para revisão periódica da prisão preventiva, além de estabelecer parâmetros normativos quanto à fundamentação da contemporaneidade das circunstâncias que justificam a supressão do direito de liberdade antes do trânsito em julgado.

Boa leitura!!!

Natal-RN, 10 de dezembro de 2020.

Walter Nunes da Silva Júnior
Juiz Federal. Professor da UFRN. Coordenador do Projeto de Pesquisa "O direito criminal como corpo normativo construtivo do sistema de proteção dos direitos e garantias fundamentais, nas perspectivas subjetiva e objetiva". Conselheiro do Conselho Nacional de Política Criminal e Penitenciária – CNPCP

CAPÍTULO 1

Acordo de Não Persecução Penal (ANPP)

Walter Nunes da Silva Júnior[1]

Este capítulo está destinado para a abordagem sobre o Acordo de Não Persecução Penal, o chamado ANPP, sigla doravante utilizada para designar o instituto.

O ANPP, inovação alvissareira em nosso meio, seguramente, em pouco tempo, provocará mudança profunda no paradigma da justiça criminal. Certamente, diante da abrangência de sua aplicação, tudo indica que a maioria dos casos criminais será solucionada mediante esse instrumento de justiça negocial ou consensual, da forma como se observa no ambiente processual estadunidense.

Essa forma de *plea bargain* terá o condão de abreviar a finalização dos processos e diminuir a demanda perante o Judiciário, permitindo que os operadores jurídicos em geral, juízes, membros do Ministério Público e advogados, concentrem e guardem o fôlego para a instrução e julgamento dos processos referentes a crimes praticados com violência ou grave

---

[1] Juiz Federal, Mestre e Doutor, Professor Associado da Universidade Federal do Rio Grande do Norte, Coordenador do Projeto de Pesquisa *O Direito Criminal como corpo normativo construtivo do sistema de proteção dos direitos e garantias fundamentais, nas perspectivas subjetiva e objetiva*, Coordenador do Projeto de Pesquisa projeto de *Criminalidade violenta e diretrizes para uma política de segurança pública no Estado do Rio Grande do Norte*, Conselheiro do Conselho Nacional de Política Criminal e Penitenciária – CNPCP e membro da Academia de Letras Jurídicas do Rio Grande do Norte.

CAPÍTULO 1
ACORDO DE NÃO PERSECUÇÃO PENAL (ANPP)

ameaça, ilícitos de base organizativa e casos em que são praticados vários crimes em concurso material.

Delitos patrimoniais sem violência ou grave ameaça, contra a administração pública, o sistema financeiro, tributários, crimes de licitação etc., mesmo quando em alguns casos forem cometidos em concurso, serão todos passíveis de solução consensuada. Ou seja, sem a necessidade de acionar toda a engrenagem da pesada judiciária.

No desiderato de que essa transformação do modelo de prestação da atividade jurisdicional realmente se torne realidade, é imprescindível um olhar diferente para o problema penal e a compreensão da forma mais adequada de resolvê-lo. Os dogmas *punitivista* do *sistema processual penal misto* com forte *sotaque inquisitivo* devem ser exorcizados.

A era agora é a do *sistema acusatório*, adornado por *institutos negociais* próprios do direito norte-americano, espécies do denominado *plea bargain*. O juiz, o autor da ação penal e o advogado de defesa, público ou privado, precisam compreender essa nova realidade. Impõe-se ao operador jurídico em geral desapegar-se da *cultura jurídica* do modelo que ficou no passado, e preparar-se para ser o *agente transformador* dessa mudança de paradigma.

A alteração normativa, mediante a criação do instituto jurídico pertinente, efetivada pela Lei nº 13.964, de 24 de dezembro de 2019, denominada *Pacote Anticrime*, ilumina o caminho a ser percorrido. Entretanto, fica à mercê dos sujeitos processuais, notadamente do juiz, a quem cabe a gestão do processo, a despeito do protagonismo reservado às partes em um sistema acusatório, atuar em sintonia com esse paradigma.

Nesse novo *standard judicial*, ao juiz é reservada especial atribuição no ANPP, cabendo-lhe escrutinar os acordos, no desiderato de assegurar a *paridade de armas* entre o Ministério Público e o investigado. Impedindo, assim, que este, diante da precária orientação de seu defensor, seja levado a realizar um *negócio leonino*.

Conforme plasmado na Lei nº 13.964, de 2019, a competência para decidir sobre o ANPP é do juiz das garantias. No entanto, enquanto persistir os efeitos da liminar exarada pelo Ministro Luiz Fux, suspendendo a vigência da alteração do Código de Processo Penal quanto ao juiz das garantias (MC na ADI 6.298/DF 2020), essa matéria será da alçada do juiz responsável pelo julgamento.

Este capítulo está concebido em três partes. A primeira ficou reservada para o debate sobre o modelo originário do Código de Processo Penal de 1941 e a sua paulatina transmudação para o sistema acusatório, com a adoção de instrumentos negociais próprios da experiência americana, os quais abrem espaço para o *diálogo adversarial* entre as partes.

Em seguida, o estudo se concentra na compreensão do ANPP como instituto adequado para permitir às próprias partes formatarem a solução do problema criminal, com a identificação dos requisitos exigidos para a realização do acordo. Trata, ainda, das *vedações legais* previstas e as *condições* possíveis de serem impostas sob a forma de *medidas restritivas*.

Por fim, a terceira alberga a reflexão sobre as nuances quanto às etapas pré-processual e processual nas quais se desenvolvem o ANPP. O foco, nessa parte, é a regularidade formal reclamada para a validade do acordo e os efeitos da homologação, do cumprimento das condições estabelecidas e das consequências jurídicas, caso o ajuste seja rompido.

CAPÍTULO 1
ACORDO DE NÃO PERSECUÇÃO PENAL (ANPP)

1. Sistemas acusatório, inquisitvo, misto e adversarial

O nosso Código de Processo Penal, ainda hoje em vigor, foi elaborado no contexto do apogeu do pensamento expressado pela *Escola Positiva*, notadamente da *Escola do Tecnicismo Jurídico*, a qual inspirou o código criminal italiano de 1930, de verniz *fascista* e *inquisitivo*, que serviu de paradigma para a concepção do arcabouço normativo nacional (SILVA JÚNIOR 2015, 4362).

A sua eficiência não estava na proteção dos direitos da pessoa acusada, mas, sim, em conseguir a punição. O escopo do processo passou a ser descobrir a *verdade*, a chamada *verdade real* – algo que ontologicamente não existe e, ainda que possível em alguns casos, esse não deve ser o fim do processo. A sua concepção partiu da ideia de que o processo pena se apresenta como um *instrumento de força* a ser usado pelo Estado como se espada fosse, no sentido de entrar na *guerra* entre o *bem* e o *mal,* a fim de *combater* a criminalidade. O *viés punitivista* do CPP foi sobremaneira evidenciado, não se prestando para regrar o *dever-poder* do Estado em exercer a persecução penal em consonância com as garantias constitucionais.

Esse paradigma do nosso sistema processual penal foi desconstruído com a nova ordem jurídica instaurada pela Constituição de 1988, a qual foi arquitetada tendo como norte os *direitos fundamentais* declarados em seu texto com *força normativa*, impondo que tanto o acusado quanto a vítima sejam tratados como sujeitos de direitos na relação processual, sob os *contornos* do modelo acusatório.

1.1 Sistemas do Código de Processo Penal de 1941 e evolução para o modelo acusatório e incorporação de institutos da justiça consensual ou negocial

Em termos dogmáticos, são conhecidos *três modelos ou sistemas processuais criminais*, decorrendo, de cada um deles, princípios que lhes são inerentes: *(a) o inquisitivo; (b) o acusatório; e (c) o misto*. Em verdade, cronologicamente, o primeiro foi o sistema acusatório, com predominância aproximadamente até o Século XII. A partir daí, foi sendo substituído pelo *sistema inquisitivo*, o qual vigorou absoluto por longo lapso temporal, notadamente na Europa continental, o que se verificou aproximadamente até o Século XIII, malgrado em alguns países tenha se estendido até parte do Século XIX[2].

Em seguida, o inquisitivo foi sendo azeitado com as ideias do *sistema acusatório,* fazendo exsurgir o denominado *sistema misto* (SILVA JÚNIOR 2015, 13489 [Kindle]), adotado nos países da família do *civil law.* Esse sistema inquisitório foi fomentado pelas ideias consagradas pela Escola Positiva, que detinha um viés punitivista, exigindo do juiz uma postura mais rigorosa no tratamento da criminalidade, tendo como norte efetivar a *defesa social.* Sob os influxos das ideias da Escola Positiva, o foco do direito criminal não era a pessoa do acusado, mas, sim, o Estado.

Após a Segunda Guerra Mundial, com o segundo movimento de redemocratização e de reafirmação dos direitos essenciais à condição

---

[2] Na segunda metade do Século XIII, Beccaria, tendo concentrado o seu pensamento na ideia de estabelecer limites ao poder de punir do Estado, lançou a pedra fundamental para a construção do sistema acusatório moderno, ao dizer que o soberano não pode reunir, em suas mãos, o poder de *acusar e julgar,* sendo "... necessário, portanto, que um terceiro julgue a verdade do fato" (BECCARIA 1979, 40).

CAPÍTULO 1
ACORDO DE NÃO PERSECUÇÃO PENAL (ANPP)

humana, surgiu nova visão criminal, na qual os direitos fundamentais passaram a ser a espinha dorsal do ordenamento jurídico, fomentando amplo movimento de retorno ao sistema acusatório (PRADO 2005, 71).

Faz-se referência, ainda, ao sistema adversarial, o modelo acusatório segundo os países orientados pelo *common law*, modelo de ordenamento jurídico representado pelos Estados Unidos e o Reino Unido, em que as partes, Ministério Público e acusado, por meio da defesa, podem negociar várias formas de solução do processo, com assunção de culpa (*plea guilty*) e aplicação de pena consensuada. É um modelo no qual há amplo espaço para a realização da chamada *justiça consensual*, alternativa à *justiça heterocompositiva, imposta* ou *conflitual* (ALBERGARIA 2007, 18).

O Código de Processo Penal como pontuado acima, adotou o sistema misto, com forte sotaque inquisitivo[3]. Na redação originária do CPP, o juiz era o protagonista do processo, assumindo várias tarefas que são mais próprias do Ministério Público, especialmente quanto à iniciativa probatória no escopo de descobrir a chamada *verdade real*, tarefa infelizmente inalcançável. O Ministério Público, por sua vez, era tratado como uma espécie de *juiz de pé*, com várias regalias, além de contar com o auxílio incondicional do juiz. Era um processo sem partes, na medida em que o acusado era tratado como se *coisa* fosse, circunstância escancarada pelo fato de o *interrogatório* constar como uma das *espécies de prova*, não como consectário lógico do direito de defesa. O acusado não era chamado para se

---

[3] Ary Lopes Jr. defende a tese de que o conceito de *sistema misto* é um reducionismo *ilusório (e ineficiente)*, pelo que afirma: "Nós preferimos fugir da maquiagem conceitual, para afirmar que o modelo brasileiro é (neo)inquisitório, para não induzir ninguém em erro" (2010, 69).

defender, porém, para ser *objeto de prova*, pelo que o seu silêncio podia ser levado em consideração para autorizar a prolação de sentença condenatória.

A Constituição de 1988 não tratou expressamente do sistema acusatório e muito menos as cartas anteriores. Todavia, a interpretação sistemática conduz à conclusão de que o princípio acusatório está imanente no nosso ordenamento jurídico, porquanto o art. 129, inciso I, da Constituição, tornou privativa do Ministério Público a propositura das ações penais de iniciativa pública. Por outro lado, sendo o nosso sistema normativo arquitetado sob a orientação dos direitos fundamentais, o único modelo de processo criminal admissível é aquele que trata o acusado como sujeito de direitos, na qualidade de parte ao lado do Ministério Público, sendo assegurada a efetiva *paridade de armas*.

Assim, o Código de Processo Penal – elaborado sob a batuta da Constituição de 1937, a mais retrógrada da nossa história constitucional –, pelo fato de ter sido concebido sob o modelo inquisitivo, com cunho eminentemente repressivo, precisa ser revisitado sob as lentes de um ordenamento jurídico democrático, compassado com a Constituição de 1988.

Nessa linha de raciocínio, é válido afirmar que o processo criminal necessita ser lido com a concepção de que ele não é orientado mais pelo sistema misto, porém, sim, pelo acusatório, com todas as consequências daí decorrentes.

Por isso mesmo, a partir da Constituição em vigor, paulatinamente, ocorreram alterações no CPP, a fim de moldá-lo ao sistema acusatório, mediante a separação orgânica entre o juiz e o órgão acusador, reservando-se àquele a prática dos atos de cunho decisório e a este o papel de parte (GRECO FILHO 2012, 112).

CAPÍTULO 1
ACORDO DE NÃO PERSECUÇÃO PENAL (ANPP)

Mas não tem sido tarefa fácil desconstruir o modelo misto/inquisitivo, pois se trata de uma questão cultural. Ademais, para efetivamente alterar o modelo, imprescindível a edição de um novo Código de Processo Penal, desejo acalentado desde os anos 1970[4].

De qualquer sorte, as reformas tópicas promovidas no Código de Processo Penal têm sido no sentido de sedimentar o sistema acusatório. A Lei nº 13.964, de 2019, que aprovou o chamado *Pacote Anticrime*, expressamente foi nessa direção, ao preceituar que "O processo penal terá estrutura acusatória, vedadas a iniciativa do juiz na fase de investigação e a substituição da atuação probatória do órgão de acusação"[5].

O sistema acusatório é a antítese do inquisitivo ou misto/inquisitivo. Por conseguinte, para fins dogmáticos, basta realçar as características que são próprias a um sistema acusatório arquitetado sob a batuta dos direitos fundamentais (FORTUNA, et al. 1991, 11), a fim de identificar o que caracteriza o inquisitivo.

Nessa ótica, a mudança de um sistema misto, com inclinação inquisitorial, como é o modelo da redação originária do Código de Processo Penal brasileiro, para um acusatório como quer a Constituição vigente, implica na adoção de um sistema processual com as seguintes características (SILVA JÚNIOR 2015, 13613 [Kindle]):

---

[4] O movimento reformista começou ainda em 1975, com um anteprojeto de autoria de José Frederico Marques, transformado no Projeto de Lei nº 1.655, de 1983, que chegou a ser aprovado pela Câmara dos Deputados em 1984, mas não foi votado pelo Senado. O Projeto de Lei nº 156, de 2009, instituindo o novo Código de Processo Penal, foi aprovado na Câmara dos Deputados, porém, ainda não o foi pelo Senado.
[5] Como se sabe, esse dispositivo está suspenso, devido à liminar deferida pelo Ministro Luiz Fux (ADis 6.298, 6.299, 6.300 e 6.305 2020)

I – paridade de armas entre o Ministério Público e a defesa, ambos sendo tratados como partes;
II - gestão da prova pelas partes;
III - oral, transparente e público;
IV - observância das garantias constitucionais do acusado, especialmente em relação (a) à presunção de não culpabilidade, (b) à defesa efetiva, (c) ao direito ao silêncio, (d) à nulidade das provas obtidas por meio ilícito; e
V - preservação da imparcialidade do juiz, afastando-o das atribuições reservadas para o Ministério Público.

Em compasso com a diretriz constitucional, o legislador ordinário, mediante sucessivas reformas tópicas implementadas no Código de Processo Penal e em leis esparsas, ao tempo em que está transformando o sistema misto de então em outro, de verniz acusatório, vem incorporando institutos próprios para possibilitar a negociação entre o Ministério Público e o acusado.

Os primeiros passos, ainda que tímidos, foram dados, pioneiramente, com os chamados *juizados especiais* previstos na Constituição de 1988, e regulamentados pela Lei nº 9.099, de 1995, a qual criou os institutos da *transação* e da *suspensão condicional do processo*.

O legislador infraconstitucional editou a Lei 8.072, de 1990 (Lei dos Crimes Hediondos, art. 8º, parágrafo único), inaugurando a colaboração premiada em nosso meio, com a possibilidade de redução da pena de 1/3 a 2/3.

Na sequência, a Lei 9.034, de 1995 (Lei do Combate ao Crime Organizado) – revogada posteriormente pela Lei nº 12.850, de 2013 –, com a qual possibilitou a colaboração premiada como meio de redução da pena (art. 6º).

CAPÍTULO 1
ACORDO DE NÃO PERSECUÇÃO PENAL (ANPP)

A Lei 9.080, de 1995, previu a colaboração nos Crimes contra o Sistema Financeiro (Lei nº 7.492, 1986, art. 25) e a Ordem Tributária (Lei nº 8.137, de 1990, art. 16).

A Lei nº 9.613, de 1998 (Lei dos Crimes de Lavagem de Dinheiro, art. 1º, § 5º) igualmente tratou da colaboração premiada, chegando ao ponto de prescrever não apenas a redução da pena em até 2/3, mas a sua substituição pela pena restritiva de direito ou pelo perdão judicial.

Logo em seguida, a Lei nº 9.807, de 1999 (Lei de Proteção a Vítimas e Testemunhas, arts. 13 e 14), permitiu conceder ao acusado, em troca de sua colaboração, o perdão judicial ou a redução da pena de 1/3 a 2/3.

Posteriormente, a Lei nº 11.343, de 2006 (Lei de Drogas, art. 41), concebeu a colaboração premiada, com a contemplação da redução da pena em até 2/3 ou a aplicação do perdão.

Em outro passo, as Leis nºs 12.529, de 2011 (nova Lei Antitruste, art. 86 e 87) e Lei nº 12.846, de 2013 (Lei Anticorrupção, art. 16), trataram do acordo de leniência, tendo a primeira especificado a repercussão no processo penal.

Finalizando o tratamento normativo conferido ao instituto, veio a lume a Lei nº 12.850, de 2013, que se apresenta como espécie de *lei geral da colaboração*. Previu como prêmios o não ajuizamento da ação penal, o perdão, a redução de até 2/3 da pena de prisão ou a substituição por restritivas de direitos. Sem embargo de essa lei ter tido o mérito de tratar de forma mais consistente esse negócio jurídico, na prática, verificou-se que ela era lacunosa quanto a aspectos importantes.

Com as alterações introduzidas pela Lei nº 13.964, de 2019, o instituto da colaboração premiada restou sobremaneira aperfeiçoado, com a supressão de imperfeições verificadas quando da utilização desse instrumento nos processos envolvendo crimes de corrupção sistêmica e de lavagem de dinheiro, especialmente nos acordos firmados nos célebres processos oriundos da denominada *Operação Lava Jato*.

Eis aí o *germe* de uma nova forma de fazer justiça em nosso meio: atividade judicante mais célere e efetiva, com a *simplificação* da atuação do judiciário por meio da *negociação* entre as partes.

Em verdade, uma *revolução*, propugnando, com a reengenharia do processo, a própria modificação estrutural e funcional do judiciário em si, a partir da busca de solução em que os próprios interessados constroem a decisão, tendo como premissa a ideia de que as partes não são capacitadas apenas para gerar o conflito, mas, acima de tudo, para encontrar a solução mais viável.

No ambiente propriamente criminal, esses institutos sinalizam um modelo político-criminal diferente daquele impregnado da tendência *paleorrepressiva*, simbolicamente representada pela Lei dos Crimes Hediondos. Afastam o *hard control*, adequado ao Estado repressivo, e conferem azo ao *soft control*, com participação ativa das próprias partes, transmudação afinada com o estilo democrático, cujo esteio é a busca de uma solução consensuada para a problemática criminal estudada no caso concreto por meio do processo.

E mais. A solução consensuada do *problema criminal* encontra apoio na parte final do caput do art. 144 da Constituição, ao concitar o próprio autor do crime em colaborar com a *segurança pública*, cuja responsabilidade também lhe é atribuída pelo preceito constitucional em foco.

CAPÍTULO 1
ACORDO DE NÃO PERSECUÇÃO PENAL (ANPP)

Isso sem falar que se cuida de instrumento para que o agente se redima, pelo menos em parte, dos seus malfeitos. Aqui, a justiça negocial bebe na fonte da chamada *justiça restaurativa*, política criminal fulcradas na *cultura da paz*, que se propõe na abertura de *outra porta mais larga* do que a do processo, possibilitando que questões fundamentais do *problema penal*, que não encontram espaço para serem cuidadas dentro da relação processual, recebam tratamento com *olhar plural e diferenciado*, na medida em que o crime ou problema criminal possui duas dimensões, denominadas por Howard Zehr como sendo uma *pública* e a outra *social*, devendo a primeira ser resolvida na via judicial, enquanto a segunda por meio de prática comunitária (2014, 13)[6].

Seguindo as pegadas dessa ordem de ideias, a Lei nº 13.964, de 2019, incluiu no Código de Processo Penal o ANPP, passo decisivo para a introdução efetiva do *plea bargain* em nosso sistema jurídico, embora a negociação com a possibilidade de aplicação de pena – sugerida no então projeto de lei do *Pacto Anticrime,* mediante a proposta de inclusão do art. 395-A no CPP – tenha sido rejeitada pelo parlamento.

1.2 Justiça negocial ou consensual com assunção de culpa ou aceitação da pena: *plea bargain*

O sistema criminal dos Estados Unidos da América é conhecido pela ampla adoção do chamado *plea bargain*, no qual as partes podem negociar amplamente a solução do processo, com a aplicação de pena privativa de liberdade.

---

[6] Agrega Zehr que, sendo o crime um ato lesivo, a justiça precisa ser *restaurativa, não meramente repressiva,* pois o verdadeiro significado da expressão *justiça* é "reparar a lesão e promover a cura" (2008, 190).

Cuida-se de um negócio jurídico firmado entre as partes, em que a pessoa apontada como autora do crime assume a culpa (*plea guilty*) ou aceita a condenação, mas não se declara culpado (*no contest* ou *nolo contendere* ou *alford plea*), em troca do compromisso do Ministério Público de não imputar todos os crimes cometidos, fazer a acusação por um crime menos grave ou recomendar ao juiz os termos da sentença (BERMAN 2020).

Sob outra perspectiva, o *plea bargain* pode ser classificado em dois outros tipos: (a) *charge bargaining* e (b) *sentence bargaining*. Na primeira espécie, com a negociação, o Ministério Público concorda em suprimir algumas das acusações ou em imputar um crime menos grave. Na segunda, o Ministério Público concorda em recomendar uma sentença mais leve (BERMAN 2020).

Afirma-se que essa faceta do modelo americano se espraiou após o fim da Guerra de Secessão (1861 a 1865), devido à quantidade de casos criminais originados do subsequente momento de turbulência social, fomentado pelo grande contingente de pessoas deslocadas e pela movimentação dos imigrantes (WALSH 2017). Na Inglaterra, a negociação entre as partes apareceu depois, mas também ainda no Século XIX, sendo realizada informalmente pelas partes, sem a participação do Judiciário ou previsão normativa, mas sob o estímulo dos juízes, como forma de desafogar o trabalho judicial e contornar a demora dos julgamentos (RAUXLOH 2012, 27)[7].

---

[7] Regina Rauxloh, com apoio na pesquisa por ela realizada, afirma que o *plea bargain* primeiro apareceu nas Cortes americanas e depois se estendeu para o Reino Unido (2012, 1).

CAPÍTULO 1
ACORDO DE NÃO PERSECUÇÃO PENAL (ANPP)

Em verdade, diante das peculiaridades do federalismo estadunidense, cada Estado americano apresenta um modelo próprio de *plea bargain* – são 52 (cinquenta e dois), portanto, incluindo o federal e o Distrito de Colúmbia (SOUSA 2019, 114-115). Ainda assim, há crítica doutrinária quanto à ausência de regramento mais efetivo sobre o *plea bargain*. Seja como for, o referencial normativo mais mencionado nos Estados Unidos é a *Rule 11 Pleas* do *Federal Rules of Criminal Procedure*.

A essência da crítica da doutrina americana quanto ao sistema negocial parte da consideração de que o *plea bargain* tergiversa com três garantias básicas estampadas na Quinta e Sexta Emendas, as quais asseguram ao acusado o direito de ser julgado pelo júri, de não se autoincriminar e de confrontar as testemunhas. Salientam que essa circunstância deixa o acusado extremamente vulnerável, com consequente possibilidade de que sejam convolados acordos *injustos*.

Ainda assim, o mecanismo do *plea bargain*, em solo americano, tornou-se cada vez mais presente – acima de 90% das condenações são oriundas de acordo. Ou seja, não é um sistema criminal de julgamentos ou heterocompositivo, mas de acordos ou autocompositivo (BIBAS 2012), de plena negociação entre as partes.

Não se trata apenas de um sistema acusatório, mas do decantado *adversarial system*. Por isso mesmo, a Suprema Corte americana, em 1969, à unanimidade, não apenas se posicionou pela constitucionalidade do instituto como ainda asseverou tratar-se de instrumento processual inerente ao sistema criminal americano (WALSH 2017). Em McCarthy v. United States 394 U.S. 459 (1969), a Suprema Corte, conquanto tenha reconhecido a constitucionalidade do instituto, ressaltou que a aceitação do acordo pelo acusado tem de ser voluntária e ele deve ter o pleno conhecimento das consequências do reconhecimento da culpa (1969).

À primeira vista, esse modelo adversarial se mostra menos punitivo do que o acusatório em si. Todavia, os dados estatísticos estadunidenses são contundentes e inquietantes ao revelar a altas taxas de condenações e encarceramento com suporte em negociações. A esse respeito, cabe observar que os Estados Unidos da América ostentam o primeiro lugar no mundo em termos de encarceramento *per capita* – mais de 2.000.000.000 (dois milhões e trezentos mil presos). Ou seja, embora conte com menos de 5% (cinco por cento) da população mundial, possui quase 25% (vinte e cinco por cento) dos prisioneiros do mundo (ALEXANDER 2018, 278). O documentário *A 13ª. Emenda* (DUVERNAY 2016), evidencia que 97% (noventa e sete por centos) da população carcerária norte-americana é proveniente de condenações obtidas por meio do *plea bargain*[8].

A despeito dessas constatações, o *plea bargain* em solo americano se justifica nos seguintes argumentos: (i) desafoga o Judiciário e abrevia o final dos processos; (ii) trata-se de boa alternativa para evitar a prisão perpétua ou de morte; (iii) nos crimes de base organizativa, serve para obter provas relativas aos agentes situados no topo da pirâmide; (iv) é mais econômico em termos financeiros; (v) as partes escolhem racionalmente a decisão, tendo o controle do resultado, sempre incerto quando se trata de julgamento por jurados.

---

[8] Em nosso meio, há quem se posicione contrário ao *plea bargain*, notadamente em relação aos crimes mais graves, por acreditar que esse mecanismo confere tratamento leniente ao acusado. Esse foi o motivo pelo qual o Parlamento rejeitou a proposta de incluir o *plea guilty* no nosso sistema, com o enxerto do art. 395-A no CPP. Porém, os dados estatísticos nos Estados Unidos da América revelam que a justiça negocial é extremamente *punitiva*, sendo essa a crítica mais aguda feita pela maioria dos doutrinadores.

CAPÍTULO 1
ACORDO DE NÃO PERSECUÇÃO PENAL (ANPP)

Mas existe forte movimento nos Estados Unidos no sentido suprimir ou pelo menos de aperfeiçoar o sistema do *plea bargain*. Notadamente quanto ao excesso de poderes concentrados nas mãos do Ministério Público, para quem findou sendo transferido o *poder decisório* sobre os crimes, independentemente da alta gravidade. Reclama-se que a outorga de poderes elásticos no *plea bargain* tem o condão de estabelecer o empoderamento do Ministério Público, criando efetiva desigualdade processual, na medida em que este passa a concentrar em suas mãos o poder decisório sobre o mérito do processo, escolhendo ao seu talante, sem critério objetivo imperativo, a quem oferecer as vantagens do acordo, o que é extremamente problemático, especialmente nos Estados Unidos, diante do grave problema racial. No documentário a 13ª Emenda, há a sinalização de que a maioria dos membros do Ministério Público é formada por homens da cor branca, e que o órgão é excessivamente rigoroso na negociação, quando se trata de negros (DUVERNAY 2016).

Tendo em conta esse movimento que clama por uma calibragem no sistema do *plea bargain,* vários estados americanos têm experimentado uma maior intervenção judicial no exame dos acordos, a fim de preservar os direitos fundamentais dos acusados e arrefecer os poderes excessivos do Ministério Público, a exemplo de Connecticut, Texas, Carolina do Norte (WALSH 2017), sem falar na Califórnia, que aboliu a possibilidade da negociação quando se trata de delitos mais graves, certos crimes sexuais e qualquer ilícito violento com uso de arma de fogo (BERMAN 2020).

1.3 Justiça criminal negociada no Brasil: transação, suspensão condicional do processo e colaboração premiada

A Lei nº 9.099, de 1995, foi o *take off* para a implantação da justiça negocial em nosso meio. Para o ambiente criminal, trouxe dois institutos sobremaneira importantes: (a) a transação penal, para os crimes cuja *pena máxima* não seja superior a dois anos; e (b) a suspensão condicional do processo, para os crimes cuja *pena mínima* não seja superior a um ano.

Os dois institutos são semelhantes, respectivamente, ao *Non-Prosecution Agreement* (NPA) e ao *Deferred Prosecution Agreement* (DPA), do sistema americano, que são variações do *guilty plea* (SOUSA 2019, 216).

Inicialmente, devido ao equívoco na redação do arts. 72 e 76 da Lei nº 9.099, de 1995, questionou-se a constitucionalidade da transação. Isso porque, em razão de o acordo firmado possuir como requisito a *aceitação da proposta de aplicação imediata de pena não privativa de liberdade*, aparentemente, esse tipo de ajuste implicaria na condenação do autor do fato.

Invocava-se a ofensa ao *due process of law*, na medida em que na seara criminal essa cláusula universal se traduz na parêmia *nulla poena sine judicio*. O Supremo Tribunal Federal rechaçou a pecha de inconstitucionalidade, salientando que, nada obstante a literalidade das partes finais dos arts. 72 e 76 da Lei nº 9.099, de 1995, com a transação não há condenação e muito menos imposição de pena. A fim de afastar de vez qualquer réstia de dúvida a respeito, o STF editou a Súmula Vinculante nº 35 (2014), deixando consignado que

CAPÍTULO 1
ACORDO DE NÃO PERSECUÇÃO PENAL (ANPP)

A homologação da transação penal prevista no art. 76 da Lei 9.099/1995 não faz coisa julgada material e, descumpridas suas cláusulas, retoma-se a situação anterior, possibilitando-se ao Ministério Público a continuidade da persecução penal mediante oferecimento de denúncia ou requisição de inquérito policial.

Assim, embora o art. 76 da Lei n° 9.099, de 1995, diga expressamente que a transação tem como objeto a *aplicação imediata de pena restritiva de direitos ou multa*, nesse caso são impostas meras *medidas alternativas propriamente ditas ou restritivas*. Isso porque, para todos os efeitos, em verdade, temos as *medidas alternativas como gênero*, das quais são espécies: (a) as *penas alternativas* e (b) as *medidas alternativas propriamente ditas* ou *restritivas*. Uma espécie não se confunde com a outra (SILVA JÚNIOR 2015, 10272).

As *penas alternativas* são sanções previstas na legislação, servindo para substituir a pena restritiva do direito de liberdade, razão pela qual pressupõe a prolação de *sentença condenatória*, após observado o contraditório e a ampla defesa.

Já as *medidas alternativas propriamente ditas ou restritivas*, ao contrário, destinam-se a solucionar o problema criminal sem a imposição de nenhum tipo de pena ou sequer reconhecimento de culpa, reclamando, apenas, *sentença homologatória* do ajuste.

Eis as características de cada uma delas (SILVA JÚNIOR, 2015, 10450-10472 [Kindle]):

Medida alternativa propriamente dita ou restritiva	Pena alternativa
(1) não é pena; (2) não pressupõe a declaração de culpa do agente; (3) é consensuada, pois depende de proposta do MP e aceitação do autor do fato; (4) tem como finalidade extinguir a punibilidade; (5) o juiz a aplica por meio de 'decisão homologatória' ou declaratória; (6) cumpridas as condições estabelecidas, o processo é extinto por meio de sentença, declarando a extinção da punibilidade (art. 89, § 5º, da Lei nº 9.099, de 1995), possuindo portanto, natureza absolutória (art. 397 do CPP); e (7) não gera efeito criminal ou cível, exceto para impedir nova transação pelo prazo de cinco anos (art. 76, §§ 4º e 6º, da Lei nº 9.099, de 1995).	(1) constitui-se pena, mesmo quando aplicada no juizado especial; (2) pressupõe declaração de culpa do agente; (3) é coercitiva, pois se trata de pena; (4) tem como finalidade fazer com que seja evitada a aplicação de pena privativa de liberdade; (5) o juiz a aplica por meio de sentença condenatória; (6) deve ser cumprida com a mesma duração da pena privativa de liberdade substituída, ressalvado o caso da pena de prestação de serviços à comunicada para ilícito com sanção inferior a um ano (art. 55 do Código Penal - CP); e (7) gera efeitos criminais e cíveis, importa em reincidência, constituindo-se a sentença em título judicial para executar o dever de reparar civilmente o dano.

Em síntese, tratando-se de crime de menor potencial ofensivo, ao invés de oferecer a ação penal, o Ministério Público *pode-deve propor a transação*, desde que o autor do fato aceite como condição para o acordo, sob a forma de medidas alternativas ou restritivas, submeter-se às restrições de direitos previstas no art. 43 do Código Penal, consistentes em: (a) prestação pecuniária; (b) perda ou devolução de bens e valores; (c) limitação de fim de semana; (d) prestação de serviço à comunidade ou a entidades públicas; e (e) interdição temporária de direitos.

Cuida-se, assim, de forma de solução *consensuada* e *abreviada* do problema criminal, com a importante vantagem de afastar o estigma gerado pela condenação, em consonância com o preceito constitucional que impõe

CAPÍTULO 1
ACORDO DE NÃO PERSECUÇÃO PENAL (ANPP)

a missão de *erradicar a marginalização* como objetivo do Estado Democrático de Direito (art. 3º, III, da Constituição).

De outra banda, a suspensão condicional do processo, cabível em qualquer crime cuja *pena mínima não seja superior a um ano*, é também uma forma *consensuada* e *abreviada* de resolução do caso criminal sem aplicação de pena.

A diferença substancial em relação à transação criminal é o fato de a suspensão condicional do processo somente ocorrer depois do oferecimento da denúncia. Na disciplina da suspensão condicional do processo (art. 89, § 1º a 7º, da Lei nº 9.099, de 1995), o legislador foi mais feliz, pois deixou claro não haver, nesse caso, a aplicação de pena, mas, sim, apenas a imposição de *condições* sob as quais ficará subordinada a suspensão.

Restou prevista, ainda, a possibilidade de o juiz especificar outras condições além daquelas expressamente previstas em lei, preceituando, assim, uma espécie de *cláusula aberta* a constar do ajuste na suspensão do processo (art. 89, § 2º da Lei nº 9.099, de 1995). Nesse particular, o Supremo Tribunal Federal, por ambas as turmas, consolidou o entendimento de não ser inconstitucional ou inválida a imposição, como condição para a suspensão condicional do processo, de prestação de serviços ou prestação pecuniária, nos termos do § 2º do art. 89 da Lei nº 9.099, de 1995, pois se conforta com a cláusula aberta do § 2º do art. 89 da Lei do Juizado Especial, ao tempo em que, nesse caso, não possui natureza de pena restritiva de direitos (HC 115.721/PR 2013).

Sob a mesma ótica, a Ministra Rosa Weber, em decisão monocrática, ressaltou que "A imposição de prestação de serviços ou mesmo de prestação pecuniária nesse contexto assemelha-se às penas restritivas de direitos do art. 43 do Código Penal, ainda que com elas não se confunda em natureza e quantidade" (HC 108.914/RS 2012).

Nessa hipótese fica evidenciada, ainda mais, a circunstância de a negociação impor apenas *medida restritiva*, com o condão de, ao final, caso cumpridas as exigências estabelecidas, ser declarada a extinção de punibilidade (art. 89, § 5º, da Lei nº 9.099, de 1995), sentença de natureza absolutória, em consonância com o art. 397, IV, do CPP.

Cabe realçar que a Súmula 18 do STJ, dirimindo antiga controvérsia doutrinária, deixou consignado que "A sentença concessiva do perdão judicial é declaratória da extinção da punibilidade, não subsistindo qualquer efeito condenatório". Porém, com a superveniência da inclusão no CPP do art. 397, IV, pela Lei nº 11.719, de 2008, a extinção de punibilidade, por expressa disposição legal, passou a ser hipótese de absolvição.

Na colaboração premiada, de regra, o negócio jurídico processual firmado não impede o ajuizamento da ação, exceto quando acertada a sua renúncia, nem muito menos suspende o processo. Serve apenas para produzir elementos informativos quanto à produção de provas e acerto de futura decisão, como espécie de *sentence bargaining*.

Não se cuida, porém, de efetivo *plea bargain*, pois não há *assunção de culpa*. Sequer é obrigatória a confissão, exigindo-se, apenas, a renúncia quanto ao direito do silêncio, mediante o compromisso de falar a verdade[9].

---

[9] A compatibilização da previsão normativa encartada no art. 4º, § 14, da Lei nº 12.850, de 2013, que trata da renúncia ao direito ao silêncio como condição para o acordo de colaboração premiada, impõe interpretação conforme a Constituição, a fim de reconhecer que se contém em disciplinar o dever de o colaborador *dizer a verdade* em relação aos terceiros que tenham, de alguma forma, participado da empreitada criminosa.

2. Acordo de Não Persecução Penal (ANPP)

Examinada a mudança do modelo de Código de Processo Penal misto/inquisitivo para o acusatório, com paulatina incorporação de institutos próprios do sistema adversarial americano, nos itens seguintes será analisada a forma como o Acordo de Não Persecução Penal foi concebido em nosso ordenamento jurídico, identificando o conceito, os requisitos e as condições exigidas para a realização desse negócio jurídico, assim como serão pinçadas as vedações elencadas em pela lei e as condições admissíveis de serem impostas na qualidade de medidas restritivas.

2.1 Conceito, natureza jurídica e paradigmas do Direito Comparado do ANPP

O nosso sistema jurídico, acompanhando o Direito Comparado, tem caminhado no sentido de tergiversar com o princípio da obrigatoriedade da ação penal, a fim de, em determinados casos, o Ministério Público deixar de oferecê-la.

Como visto, a renúncia ao ajuizamento da denúncia podia ocorrer tanto na transação quanto na colaboração premiada, na hipótese do 4º, § 4, da Lei nº 12.850, de 2013.

Ademais, mesmo à míngua de previsão em lei, parte da doutrina entendia que o Ministério Público, por meio do Conselho Nacional do Ministério Público, seu órgão estratégico, na qualidade de *dominus litis*, poderia e deveria estabelecer diretrizes a serem seguidas pelos seus membros quanto a encontrar, em determinadas situações, soluções diferentes do ajuizamento da ação penal, a fim de conferir tratamento ao *problema penal* de um modo *consensual*.

Iniciativa desse jaez veio a lume com a Resolução nº 181, de 2017, do CNMP, instrumento inadequado, na medida em que tratou de matéria reservada a disciplinamento por lei.

De qualquer sorte, os bons resultados com a aplicação do acordo de não persecução penal levado a efeito à míngua de previsão legal, animaram o legislador a adotar essa solução para os crimes cometidos sem violência ou grave ameaça à pessoa, por meio da edição da Lei nº 13.964, de 2019, ao enxertar o art. 28-A no Código de Processo Penal. No Pacote Anticrime a pretensão era de ir além, a fim de implantar o efetivo *plea guilty*, com a inserção no CPP do art. 395-A, mas o Parlamento rechaçou essa pretensão.

O ANPP tem como paradigma o *Non-Prosecution Agreement* (NPA)[10]. Esse tipo de ajuste, nos Estados Unidos, é realizado sem a participação do Judiciário, exigindo-se do agente a *assunção de culpa*, com a consequente aplicação de pena (ODUOR, et al. 2014). No entanto, acertadamente, o ANPP foi introduzido em nosso meio sem a exigência da *declaração de culpa* pelo autor do crime, cuidando-se do passo mais decisivo no sentido de adotar em nosso meio a justiça criminal negocial, assemelhando-se, e muito, com o *plea bargain*, pois impõe ao investigado a *confissão formal e circunstancial do crime*, requisito que não consta de nenhum outro instituto negocial até então incluído no sistema normativo nacional.

---

[10] Esse instituto foi incorporado ao sistema alemão, com a inclusão do §153ª no StPO-BRD, em 1974, o qual permite que o Ministério Público deixe de ajuizar a ação penal, em troca do compromisso do autor do crime de cumprir determinadas condições, dentre elas efetuar doações a organizações de caridade ou trabalhar como voluntário em entidades de igual natureza (RAUXLOH 2012, 73).

CAPÍTULO 1
ACORDO DE NÃO PERSECUÇÃO PENAL (ANPP)

Diante da dicção normativa, pode-se afirmar que o ANPP é negócio jurídico processual, firmado na fase pré-processual entre o Ministério Público e a defesa do investigado, no qual fica acertado o não ajuizamento da denúncia, em troca do compromisso do investigado de fazer a confissão formal e circunstancial da prática do delito e de cumprir as condições pactuadas nos termos dos incisos do art. 28-A do CPP, sendo necessária, para surtir efeitos, a homologação pelo juiz, tendo o condão de extinguir a punibilidade, caso durante o espaço temporal estipulado sejam adimplidas as cláusulas acordadas.

De toda sorte, como veremos mais adiante, diferentemente do direito norte-americano, a despeito dessa confissão formal, com o ANPP não há aplicação de pena, razão pela qual, caso não cumpridas as cláusulas, a consequência é o ajuizamento da respectiva ação penal.

O detalhe significativo é a possibilidade, nos termos da Lei n° 13.964, de 2019, da formalização do ANPP em todo e qualquer delito cuja *pena mínima* seja inferior a quatro anos, desde que não tenha sido praticado com violência ou grave ameaça à pessoa.

O requisito referente à pena chama a atenção, pois, conforme a nossa política legislativa, considerável parte dos crimes sem violência ou grave ameaça tem pena mínima estipulada em um, dois ou três anos, ou seja, inferior a quatro anos. Para se ter ideia do que esse patamar eleito pelo legislador representa, todos os crimes patrimoniais, sem violência ou grave ameaça, possuem pena mínima inferior a quatro anos. O mesmo se verifica em relação aos crimes contra a administração pública, tributários e de licitação.

À primeira vista, teria havido incongruência da parte do legislador do denominado *Pacote Anticrime*, pois a ideia nele embutida seria a de endurecer as regras quanto à criminalidade violenta, à corrupção e às organizações criminosas.

Acontece, contudo, ser frequente crimes contra a administração, mesmo os tipificados como corrupção e peculato, que não são de gravidade maior, porquanto praticados em razão de situação especial ou momento de maior fragilidade financeira do agente. Claro que, quando se tratar de crimes de corrupção mais graves ou qualquer outro praticado contra a administração, em concurso material com lavagem de dinheiro e crime organizado, por exemplo, o ANPP não se mostra adequado.

A despeito da consideração acima, há de se observar que, ademais do requisito objetivo consistente no fato de a pena mínima ser inferior a 4 (quatro) anos e de não ter sido perpetrado com violência ou grave ameaça à pessoa, reclama-se para a realização do ANPP necessidade de o investigado, atender aos requisitos subjetivos, examinados adiante, no próximo item.

A fim de conferir uma visão mais clara como o ANPP poderá passar a ser a regra no modo de resolução dos crimes não violentos, cabe pontuar os ilícitos previstos no Código Penal que, em tese, admitem o ANPP:

(a) Crimes contra a honra: todos.
(b) Crimes contra o patrimônio: (b1) furto, do art. 155, caput, §§ 1º a 4º, § 5º e 6º; (b2) dano: todos; (b3) apropriação indébita: todos; (b4) estelionato e outras fraudes: todos; (b5) receptação.
(c) Crimes contra a propriedade intelectual: todos.
(d) Crimes contra a organização do trabalho: todos.
(e) Crime de promoção de migração ilegal: art. 232-A, caput, §§ 1º e 2º.
(f) Crime de exercício ilegal da medicina, arte dentária ou farmacêutica: art. 282.
(g) crimes contra a paz pública: associação criminosa, art. 288, caput.

CAPÍTULO 1
ACORDO DE NÃO PERSECUÇÃO PENAL (ANPP)

(h) Crimes contra a fé pública: (h1) moeda falsa, todas as modalidades; (h2) falsidade de títulos e outros papéis públicos: todos, do art. 293 ao 311.
(i) Crimes contra a administração pública: todos, do art. 312 ao 359.

No mesmo sentido, os seguintes crimes previstos em leis especiais comportam, em tese, a solução do problema criminal por meio do ANPP:

(a) Decreto-Lei 201, de 1967 (Crimes de responsabilidade de prefeitos): todos os crimes.
(b) Lei 7.492, de 1986 (Crimes contra o sistema financeiro): todos.
(c) Lei 8.069, de 1990 (Estatuto da criança e do adolescente): art. 241-A a 241-E; 242 a 244-B.
(d) Lei 8.137, de 1990 (Crimes contra a ordem tributária): todos.
(e) Lei 8.6666, de 1993 (Lei de licitações): todos os crimes;
(f) Lei 9.605, de 1998 (Crimes ambientais): todos.
(g) Lei 9.613, de 1998 (Crime de lavagem de dinheiro): art. 1°, caput e §§ 1° a 4°.
(h) Lei 10.826, de 2003 (Estatuto do desarmamento): art. 12 ao 16, caput e § 1°.
(i) Lei 11.343, de 2006 (Lei de Drogas): art. 33, §§ 2° e 4°; art. 34; art. 35; art. 37 a 39.

O exposto acima evidencia que o ANPP, em pouco tempo, pode se apresentar como instrumento de transformação sem precedentes da justiça criminal. É provável, em futuro próximo, a resolução da expressa maioria dos casos criminais por meio do ANPP – assim como acontece no sistema estadunidense, no qual mais de 90% (noventa por cento) dos delitos são resolvidos com o *plea bargain* –, reservando-se as audiências de instrução e julgamento apenas para os crimes de alta gravidade ou cometidos com violência ou grave ameaça.

2.2 Requisitos para o acordo de não persecução penal

Com desenganado acerto, no art. 28-A, caput, do CPP, ficou consignado que o instituto do ANPP se aplica aos crimes cuja *pena mínima* seja inferior a quatro anos. Constam ainda três outros requisitos, quais sejam, que não seja caso de arquivamento, a conduta não tenha sido praticada com violência ou grave ameaça e, por fim, o agente faça a *confissão formal e circunstancial* da conduta ilícita.

São quatro, portanto, os requisitos: (a) não seja caso de arquivamento; (b) pena mínima seja inferior a quatro anos; (c) tratar-se de crime praticado sem violência ou grave ameaça; e (c) confissão formal e circunstancial.

O ANPP se assemelha à transação e à colaboração premiada, esta quando ocorre a renúncia ao direito de ação. E difere, substancialmente da suspensão condicional do processo, exatamente em razão de o ajuste ser anterior ao ajuizamento da ação penal.

Resta claro que, teoricamente, o ANPP é instituto mais favorável para o agente que praticou a conduta quando comparado à suspensão condicional do processo. Isso porque com o ANPP sequer é oferecida a ação criminal. Portanto, o autor do crime não adquire, tecnicamente, a condição de *acusado ou réu* nem precisará apresentar a resposta, de modo que a solução do problema penal é mais rápida e simplificada do que no caso da suspensão condicional do processo.

De qualquer sorte, para o ANPP é imprescindível a verificação da existência da *justa causa* para o oferecimento da ação penal, ou seja, a presença dos elementos probatórios referentes à materialidade e aos indícios

CAPÍTULO 1
ACORDO DE NÃO PERSECUÇÃO PENAL (ANPP)

de autoria. Por isso mesmo, acertadamente, o legislador deixou claro que, sendo *caso de arquivamento* dos autos de investigação, não se há de falar em realização do acordo (art. 28-A, caput, primeira parte, do CPP, incluído pela Lei nº 13.964, de 2019).

Aqui um detalhe importante. O legislador, corretamente, nomina o agente de *investigado*, porquanto é nessa condição jurídica que o autor do crime negocia com o MP.

Há uma aparente superposição do ANPP em relação à suspensão condicional do processo. Ora, se o primeiro é cabível em todos os casos nos quais a *pena mínima é inferior a quatro anos*, enquanto a suspensão condicional do processo pode ocorrer na quando a *pena mínima não é superior a um ano*, a exame perfunctório, todas as vezes em que for cabível esta, será cabível aquele.

Acontece que o ANPP, além da quantidade da pena, contém dois requisitos a mais – *não ter sido praticado com violência ou grave ameaça à pessoa e a confissão formal e circunstancial do crime* – que não constam para a suspensão condicional do processo.

Por isso mesmo, a suspensão condicional do processo é cabível, por exemplo, na lesão corporal do art. 129, caput e § 1º; na rixa do art. 137; no constrangimento ilegal do art. 146; e no sequestro e cárcere privado do art. 148, caput, todos do Código Penal.

Os crimes mencionados acima, porém, não comportam o ANPP, em razão de serem cometidos com violência ou grave ameaça. De qualquer sorte, quanto a essa ressalva em relação aos crimes praticados com violência, uma observação se impõe. Há de se fazer a distinção entre *crimes praticados por meio de conduta violenta* e os *crimes com resultado violento*, como são os casos de crimes de lesão corporal e homicídio culposos. Nessas hipóteses, apresenta-se correto o entendimento quanto à possibilidade de aplicação do ANPP. Cabe lembrar que nos casos de crimes culposos é admissível, inclusive, o *perdão judicial*.

Por outro lado, é possível que o investigado, em um crime de estelionato, orientado por seu advogado, recuse o acordo de não persecução criminal, mas, após o ajuizamento da ação penal, aceite a suspensão condicional do processo, uma vez que para esse ajuste não é exigida a confissão formal e circunstancial.

O legislador cuidou de evitar discussão jurídica quanto à incidência das causas de aumento ou de diminuição na pena mínima para fins de verificação da admissibilidade do ANPP. No ponto, conforme preceitua o art. 28-A, § 1º, do CPP, "Para aferição da pena mínima cominada ao delito a que se refere o caput deste artigo, serão consideradas as causas de aumento e diminuição aplicáveis ao caso concreto". Andou bem em tratar da questão, no propósito de evitar debates mais acirrados na doutrina e na jurisprudência.

Pena não ter sido claro o suficiente, ficando circunscrito, basicamente, a esclarecer o óbvio, deixando, no entanto, de se debruçar sobre duas questões.

A primeira diz respeito à hipótese de concurso material, que não é causa de aumento. Nesse caso, deve ser realizado o cálculo da pena mínima somando as penas mínimas dos crimes praticados em concurso?

A lei não define essa situação, mas a tendência vai ser aplicar, *mutatis mutandis*, a orientação da Súmula 243 do STJ:

CAPÍTULO 1
ACORDO DE NÃO PERSECUÇÃO PENAL (ANPP)

> O benefício da suspensão do processo não é aplicável em relação às infrações penais cometidas em concurso material, concurso formal ou continuidade delitiva, quando a pena mínima cominada, seja pelo somatório, seja pela incidência da majorante, ultrapassar o limite de um (01) ano.

Dessa forma, sendo dois crimes, deve ser feita a soma das duas penas mínimas, a fim de verificar se o resultado fica aquém de quatro anos.

A segunda diz respeito à fração da causa de aumento ou de diminuição. Como se sabe, de regra, as causas de aumento ou de diminuição possuem um mínimo e um máximo. Nesse caso, qual causa de aumento ou de diminuição deve ser levada em consideração para fins do cálculo?

No escopo de solucionar a questão, deve-se partir da premissa de que o legislador tomou como parâmetro para permitir o acordo a *pena mínima, não a máxima*. Logo, se a causa de aumento é variável, por exemplo, entre 1/6 (um sexto) a 2/3 (dois terços), o exegeta deve ter em conta o *acréscimo mínimo*.

Na mesma linha de raciocínio, ao se tratar de *causa de diminuição variável*, deve-se aplicar o maior percentual, com a finalidade de se levar em consideração o *decréscimo máximo* para fins de verificar se a quantidade da pena mínima fica inferior a 4 (quatro) anos.

Em relação a essa segunda questão, é inteiramente aplicável o entendimento firmado pelo Supremo Tribunal Federal na Súmula nº 723 quanto à forma de cálculo da pena mínima para aplicação da suspensão condicional do processo, na hipótese da existência de causa de aumento, cujo enunciado é o seguinte: "Não se admite a suspensão condicional do processo por crime continuado, se a soma da pena mínima da infração mais grave com o aumento mínimo de um sexto for superior a um ano".

Isto é, toma-se como parâmetro o aumento mínimo da causa de aumento. Por imperativo de ordem lógica, quando for causa de diminuição, aplica-se no cálculo o percentual máximo de decréscimo.

Finalizando, o último requisito é a exigência da *confissão formal e circunstancial* da prática do crime. Sem embargo de ser discutível essa exigência, não se sabe efetivamente qual a sua finalidade. Isso porque, ao contrário do que pode parecer à primeira vista, essa confissão não se trata de *assunção ou reconhecimento de culpa*. Não representa um *plea guilty*, consoante restou consignado acima.

Não se nega o fato de essa circunstância da exigência da confissão poder até, em exame perfunctório, fomentar a ideia de que com o ANPP se aplica uma pena, como se o autor do crime condenado fosse. Mas, tal como já salientado acima, disso não se trata.

A situação é similar ao que acontece na transação ou na suspensão condicional do processo. As condições estabelecidas se apresentam como *medidas restritivas* tão somente. Tanto não constituem *pena ou sanção* que, para todos os efeitos, com o ANPP, o Ministério Público sequer oferece a denúncia, razão pela qual, nos termos do § 12 do art. 28-A do CPP, "A celebração e o cumprimento do acordo de não persecução penal não constarão de certidão de antecedentes criminais, exceto para os fins previstos no inciso III do § 2º deste artigo".

Diante do expendido, o acordo em causa tem como efeito, apenas, impedir novo ajuste de igual natureza, no prazo de 5 (cinco) anos anteriores ao cometimento da infração, não alterando a condição de primário do agente que convola esse tipo de ajuste.

Nem se diga que a petição expondo esse tipo de acordo faz as vezes

CAPÍTULO 1
ACORDO DE NÃO PERSECUÇÃO PENAL (ANPP)

de uma espécie de *ação penal consensual*. Decididamente, não é disso que se cuida. Note-se, em reforço ao aqui defendido, o fato de o legislador ter usado a palavra *investigado* para identificar um dos sujeitos do ANPP, ao lado do Ministério Público.

O legislador certamente utilizou a expressão *investigado* para confundir com o *autor do fato, nomen juris* de quem responde a crime de menor potencial ofensivo, antes do oferecimento da acusação. Se o legislador utilizou a palavra investigado, certamente foi porque, para todos efeitos, com o ANPP, o autor do crime sequer chega a assumir a condição jurídica de *réu* ou *acusado*.

Se dúvida ainda existe a esse respeito, o § 1º do art. 28-A do CPP definitivamente resolve a *vexata quaestio*. Ali está dito que, "Descumpridas quaisquer das condições estipuladas no acordo de não persecução penal, o Ministério Público deverá comunicar ao juízo, para fins de sua rescisão e posterior oferecimento da denúncia". Portanto, o legislador foi bastante claro sobre esse ponto, ressaltando que o acordo não impõe pena, ainda que restritiva de direitos, mas apenas *medidas restritivas*.

Tendo em consideração essa conclusão, uma pergunta não quer calar: Qual seria a serventia da confissão? A exigência da confissão do investigado pode ser justificada com suporte na doutrina segundo a qual o reconhecimento da culpa e do erro cometido constitui instrumento importante para a pessoa redirecionar o seu comportamento, servindo para revelar a disposição em cumprir as condições impostas e de não voltar a praticar a conduta ilícita.

No ponto, o legislador foi guiado pela ideia da *justiça restaurativa*, que tem como paradigma, para além do ressarcimento de danos em todos os seus aspectos, a assunção de responsabilidade pelo infrator, mediante o reconhecimento dos seus malfeitos e a necessidade de adequar o seu comportamento de modo a não causar danos às outras pessoas[11].

Outro argumento em prol da exigência da confissão é que a intenção teria sido evitar a formalização do acordo quando o investigado for *inocente*. Na lógica, a confissão como condição tem como consectário lógico que o investigado não irá convolar o ANPP, pois não irá confessar aquilo que não fez.

Todavia, pode ser que o investigado, mesmo inocente, queira fazer o acordo porque pretende se livrar, rapidamente, do problema gerado pela mera existência do processo criminal, de modo que, mesmo inocente, ele pode ser induzido a confessar a prática do crime.

E aqui uma contradição. Encarado o ANPP sob a justificativa de que seria uma forma de evitar que o inocente não seja submetido ao acordo, o sistema apresentaria uma solução negociada para o *culpado*, enquanto o *inocente* não poderia dispor dessa alternativa, senão enfrentar o processo. Isso não parece razoável e, sob esse viés, poder-se-ia sustentar a inconstitucionalidade do preceito legal que impõe a confissão formal e circunstancial como condição para o ANPP.

Acontece que, também faz parte do mundo real, a circunstância de o agente ser levado a cumprir medida alterativa, pena alternativa ou mesmo prisão, ainda quando inocente. É razoável defender que o investigado, em uma análise econômica, social ou pessoal, tenha a opção, mesmo sendo inocente, de concordar com o ANPP por entender mais vantajoso se livrar

---

[11] Sobre a justiça restaurativa, conferir: Zehr (2014); Zehr (2008) e Pranis (PRANIS 2010).

CAPÍTULO 1
ACORDO DE NÃO PERSECUÇÃO PENAL (ANPP)

logo do processo, evitar o pagamento de honorários advocatícios mais caros e obter a certidão negativa, dentre outras vantagens, a exemplo dos desgastes psicológicos de uma demanda judicial que se protrai no tempo.

Mas há ainda outra questão a respeito da confissão. Tudo indica que o legislador tinha a intenção de deixar escrito, como um dos requisitos objetivos para o ANPP confissão *circunstanciada*. Aliás, era assim que constava da redação do art. 18 da Resolução do Conselho Nacional do Ministério Público nº 181, de 2017. Na redação originária da norma, constava, como condição para o ANPP, "... desde que este (investigado) confesse formal e *detalhadamente*...". Com a modificação promovida pela Resolução do CNMP nº 183, de 2018, passou a ser exigida a circunstância de o investigado ter "... confessado formal e *circunstanciadamente*..."

Acontece que, quando da feitura do art. 28-A, foi estabelecido como condição o fato de o investigado ter "... confessado formal e *circunstancialmente*...". *Confessar circunstancialmente* não se confunde com a exigência de *confessar circunstanciadamente*. No léxico, *circunstancial* é algo esporádico, disperso, casual, eventual etc. não é a mesma coisa de *circunstanciada*, que quer dizer coisa detalhada, minuciosa, pormenorizada etc.

O detalhe acima, portanto, não é irrelevante.

A expressão *confissão circunstancial,* escolhida consciente ou inconscientemente pelo legislador, permite a interpretação de que o legislador não estabelece como condição o investigado assumir a conduta que lhe é atribuída na apuração dos fatos, mas sim que ele não tenha a intenção de discutir essa questão no processo judicial, como uma espécie de *no contest* ou *nolo contendere*, exposto no item 2.2, supra.

2.3 Condições ou medidas restritivas impostas no ANPP

Conforme visto acima, são requisitos para o ANPP a circunstância de não ser caso para o arquivamento da investigação, o crime não ter sido cometido com violência ou grave ameaça, a pena mínima ser inferior a quatro anos e o investigado ter feito a confissão formal e circunstancialmente do crime, consoante plasmado nas duas primeiras partes do caput do art. 28-A do CPP.

Ademais disso, a parte final do dispositivo em referência preceitua as condições listadas nos incisos I a V, que podem ser estabelecidas no acordo. Em verdade, essas condições são as chamadas *medidas alternativas ou restritivas*, conforme explicitado no item 1.3, supra.

De acordo com a parte final do caput e os incisos do art. 28-A do CPP, o investigado tem de assumir o compromisso de cumprir, cumulativa ou alternativamente, as seguintes condições:

> (a) reparar o dano ou restituir a coisa à vítima, exceto na impossibilidade de fazê-lo;
> (b) renunciar voluntariamente a bens e direitos indicados pelo Ministério Público como instrumentos, produto ou proveito do crime;
> (c) prestar serviço à comunidade ou a entidades públicas por período correspondente à pena mínima cominada ao delito diminuída de um a dois terços, em local a ser indicado pelo juízo da execução, na forma do art. 46 do Código Penal;
> (d) pagar prestação pecuniária, a ser estipulada nos termos do art. 45 do Código Penal, a entidade pública ou de interesse social a ser indicada pelo juízo da execução, que tenha, preferencialmente, como função proteger bens jurídicos iguais ou semelhantes aos aparentemente lesados pelo delito; e
> (e) cumprir, por prazo determinado, outra condição estipulada pelo Ministério Público, desde que proporcional e compatível com a infração penal imputada.

CAPÍTULO 1
ACORDO DE NÃO PERSECUÇÃO PENAL (ANPP)

Vamos examinar, uma a uma, essas condições, que possuem a natureza jurídica de medidas restritivas.

I – Reparar o dano ou restituir a coisa à vítima, exceto na impossibilidade de fazê-lo.

Tratando-se de crime que ocasiona dano material e mesmo moral, deve constar como cláusula do acordo a reparação do dano ou a restituição da coisa. A reparação do dano também é de praxe na transação penal e na suspensão condicional do processo (respectivamente, arts. 74 e 89, § 1º, I, da Lei 9.099, de 1995) e é um dos fundamentos da justiça restaurativa.

A intenção do legislador é a de equacionar não apenas o problema penal como igualmente o cível. Tendo em conta que o ANPP é cabível em crimes como furto, dano, apropriação indébita, estelionato, fraudes em geral, receptação etc., essa é uma cláusula fundamental nesses casos.

II – Renunciar voluntariamente a bens e direitos indicados pelo Ministério Público como instrumentos, produto ou proveito do crime.

Essa medida se apresenta indispensável no ANPP, quando se cuida de acordo realizado em crimes como moeda falsa, peculato, corrupção, contrabando, descaminho, crime de responsabilidade de prefeito etc. A perda de bens e valores também é cláusula prevista para a transação penal (art. 74, caput, da Lei nº 9.099, de 1995, c/c o art. 43, II, do CP) e para a suspensão condicional do processo (art. 89, § 2º, da Lei nº 9.099, de 1995)

Essa é uma forma de recuperação do patrimônio da entidade pública e de coibir o locupletamento ilícito, cláusula que sempre consta quando se trata de colaboração premiada.

Não sendo possível a recuperação total de eventual valor desviado, o ajuste pode se conter no ressarcimento parcial, em consonância com o art.

4º, IV, da Lei nº 12.850, de 2013.

Essa condição também é essencial na prática restaurativa, como forma de o agente assumir a responsabilidade quanto o comportamento desviante objeto da investigação.

III – Prestar serviço à comunidade ou a entidades públicas por período correspondente à pena mínima cominada ao delito diminuída de um a dois terços, em local a ser indicado pelo juízo da execução, na forma do art. 46 do Código Penal.

Expressamente, o legislador previu a inclusão, dentre as cláusulas do acordo, da obrigação de o investigado cumprir a prestação de serviços à comunidade ou a entidades públicas, disciplinada no art. 46 do Código Penal.

No ponto, assim como já ressaltado, vale atentar para o fato de, nesse caso, a prestação de serviços, assim como acontece quando imposta na transação ou na suspensão condicional do processo, não possuir natureza jurídica de pena, senão de medida restritiva de direitos, nos termos da explicação realizada no item 1.3, supra.

IV – Pagar prestação pecuniária, a ser estipulada nos termos do art. 45 do Código Penal, a entidade pública ou de interesse social a ser indicada pelo juízo da execução, que tenha, preferencialmente, como função proteger bens jurídicos iguais ou semelhantes aos aparentemente lesados pelo delito.

Mais uma vez, o legislador possibilitou a utilização de uma espécie de *pena alternativa* sob a modalidade de *medida restritiva*. Esse tipo de cláusula é salutar e muito utilizado tanto na transação quanto na suspensão condicional do processo – em relação a este instituto mercê da abertura

CAPÍTULO 1
ACORDO DE NÃO PERSECUÇÃO PENAL (ANPP)

contemplada no § 2º do art. 89 da Lei nº 9.099, de 1995.

V – Cumprir, por prazo determinado, outra condição estipulada pelo Ministério Público, desde que proporcional e compatível com a infração penal imputada.

O legislador, assim como já tinha feito em relação à suspensão condicional do processo, deixou uma cláusula aberta para o juiz estabelecer outras medidas restritivas que entender pertinentes, observada a questão da proporcionalidade e da compatibilidade. Por exemplo, tratando-se de crime ambiental, impor como condição do ANPP a elaboração de projeto para a recuperação da área degradada ou uma compensação pelos danos ocasionados.

2.4 Vedações ao ANPP

Sem embargo das medidas restritivas ou condições a serem assumidas pelo investigado, ainda constam as vedações para o ANPP. De fato, nos termos dos incisos do § 2º do art. 28-A do CPP, esse acordo não é admissível quando:

I – Se tratar de crime de menor potencial ofensivo.

A impossibilidade do ANPP quando se trata de crime de menor potencial ofensivo tem duas razões de ser: primeiro, trata-se de crime da competência do juizado especial, que é absoluta e possui rito próprio, com previsão de audiência preliminar exatamente para ser feita a negociação. Segundo, a transação já cumpre a finalidade perquirida com o ANPP, com mais vantagens, por não exigir a confissão formal e circunstancial.

II – O investigado for reincidente ou se houver elementos probatórios que indiquem conduta criminal habitual, reiterada ou

profissional, salvo se *insignificantes* as infrações penais pretéritas.

A segunda hipótese de vedação, contida no inciso II do § 2º do art. 28-A, trata de circunstâncias subjetivas que impedem a solução do processo por essa via. Dizem respeito a condições pessoais do investigado, portanto.

Mas a forma como esses aspectos subjetivos foram gizados pelo legislador não está em compasso com o tratamento normativo emprestado para situações similares. Melhor seria se o legislador, nessa parte, tivesse seguido a diretriz da Lei nº 9.099, de 1995, quando pinça as hipóteses que tornam defesa a transação ou a suspensão condicional do processo.

Ao invés de proibir o acordo quando se cuidar de investigado com *conduta habitual, reiterada ou profissional* na prática de crimes, o mais adequado seria dizer que esse tipo de ajuste não é possível quando não forem favoráveis *os antecedentes, a conduta social e a personalidade* do agente, bem como, *os motivos e as circunstâncias* mostrarem não ser adequada e suficiente a medida (arts. 76, III, e 89, caput, ambos da Lei nº 9.099, de 1995, e art. 77, II, do CP).

Como não bastasse, a ressalva leal, contida na segunda parte da norma jurídica em espeque, para permitir a realização do acordo quando os crimes anteriormente praticados forem considerados *insignificantes*, é vaga, atécnica e de difícil definição.

Afinal de contas, o que pode ser entendido por *crimes insignificantes*? Não há definição legal ou doutrinária a respeito. E pior, o que existe na doutrina e é agasalhado pela jurisprudência é o reconhecimento do *princípio da insignificância*, situação em que se considera a conduta atípica.

A intenção do legislador, claro, não foi se referir à teoria da insignificância. Portanto, seria mais acertado o legislador ter colocado como exceção, por exemplo, os crimes culposos e de menor potencial ofensivo (ALBERGARIA 2007).

III – Existir anterior acordo de não persecução penal, transação penal ou suspensão condicional do processo, nos 5 (cinco) anos anteriores ao cometimento do crime.

Essa vedação consta igualmente para a transação (art. 76, II, da Lei nº 9.099, de 1995). No entanto, na lei em referência foi estabelecido como marco temporal a data em que o autor do fato foi beneficiado com a transação.

No ANPP, é diferente. O legislador colocou como marco temporal inicial os cinco anos anteriores ao cometimento da infração. O mais adequado teria sido usar o mesmo parâmetro da Lei nº 9.099, de 1995).

E aqui há uma questão interessante. A eventual circunstância de o agente estar cumprindo medida diversa mercê da transação não impede a suspensão condicional do processo, pois, nesse caso, em compasso com a última parte do caput do art. 89 da Lei nº 9.099, de 1995, a impossibilidade da solução consensuada somente se dá caso o acusado "... esteja sendo processado ou não tenha sido condenado por outro crime...". De outra banda, alguém que esteja sendo processado ou cumprindo medida restritiva em razão de suspensão condicional do processo não está impedido de realizar a transação.

Como o ANPP é cabível em crimes mais graves quando comparados os que permitem a transação e a suspensão condicional do processo, não se apresenta como paradoxal a diferenciação estabelecida pelo legislador, de modo a impedir o ANPP quando o agente tiver sido beneficiado, no últimos 5 (cinco) anos, de quaisquer uma das hipóteses de solução negociada do problema criminal.

IV – For caso de crime praticado no âmbito de violência doméstica ou familiar, ou praticados contra a mulher por razões da condição de sexo feminino, em favor do agressor (art. 28-A, § 2º, incisos I a IV, do CPP).

Por fim, a quarta vedação é se o crime disser respeito à violência doméstica, ou for praticado por razões da condição de sexo feminino, em favor do agressor. Essa última parte do texto é confusa. O que quer dizer a exigência de o crime ser praticado *em favor do agressor*?

Esse complemento, aliás, é de todo desnecessário. É irrelevante se o agente pratica o crime em seu favor ou de outrem. O que importa é se o delito é cometido devido à circunstância de a pessoa ofendida ostentar a condição de mulher.

A interpretação mais razoável, portanto, é a observação de o crime ter sido praticado contra a mulher, tendo em consideração a sua condição de gênero.

E mais. O legislador deveria ter ido mais longe. Não é só a mulher que ostenta posição de vulnerabilidade. Há outras pessoas que se situam em igual situação, a exemplo das crianças expostas à pornografia infantil, cujo crime, em tese, permite o ANPP (art. 214-B, da Lei nº 8.069, de 1990). Todavia, deve-se entender que foi uma escolha do legislador não estender a vedação para todos os casos envolvendo vulneráveis, como é o caso, por exemplo, do estelionato contra idoso.

3. Procedimento do ANPP e efeitos jurídicos

Para todos os efeitos, sem levar em consideração as etapas da negociação em si do acordo, o ANPP tem duas fases bem definidas. A primeira é extraprocessual, que se dá inteiramente entre o Ministério Público, a defesa e o investigado. Nesse momento é exaurida a negociação envolvendo as partes, sendo necessário que o investigado, desde o início, esteja representado por advogado, público ou particular.

Ajustado o acordo, aí sim, mediante a provocação das partes, tem início a segunda fase, que transcorre perante o juiz, sendo o negócio firmado entre os interessados submetidos ao crivo do Judiciário.

3.1 Fase extraprocessual do ANPP

O legislador teve maior preocupação em preceituar, minimamente, as regras referentes à formalização do ANPP, mesmo após a experiência negativa vivenciada com a colaboração premiada. É estranho a Lei nº 13.964, de 2019, diante dos problemas enfrentados com a ausência de regras sobre a fase extraprocessual da colaboração premiada na redação originária da Lei nº 12.850, de 2013, ter cuidado de prescrever diretrizes normativas para quando o acordo se faz sob essa modalidade, sem, contudo, estender a cautela em relação ao ANPP.

Para suprir essa incompreensível omissão, é pertinente e razoável entender que, tirando o que há de ser retirado, são aplicáveis subsidiariamente ao ANPP os preceitos legais atinentes à colaboração premiada, ante a consideração de que a Lei nº 12.850, de 2013, se manifesta como uma espécie de *lei geral,* quando se trata de negociação criminal.

Assim, para todos os efeitos, o recebimento da proposta do ANPP delimita o início das negociações, incidindo, daí em diante, a cláusula de confidencialidade, não podendo nenhuma das partes promover qualquer tipo de divulgação (art. 3º-B, caput, da Lei nº 13.850, de 2013). No ponto, há de ser feita a consideração de que o acordo precisa ficar em sigilo, não se aplicando a regra no sentido de que a confidencialidade perdura até o levantamento do sigilo por ordem judicial (art. 3º-B da Lei nº 12.850, de 2013, incluído pela Lei nº 13.964, de 2019).

Com efeito, diferentemente da colaboração premiada, o conteúdo do acordo no ANPP não serve como meio subsidiário de prova, esgotando-se o seu escopo à resolução do problema penal, devendo ser resguardada a imagem do investigado, ainda mais porque, para todos os efeitos, não se trata de assunção de culpa.

De outra banda, lamenta-se não haver sido imposto na lei, expressamente, o dever de *fair play* da parte do Ministério Público, no sentido de ter de revelar ou colocar à disposição da defesa e do investigado todos os elementos probatórios e/ou provas angariados na investigação. Essa é uma das maiores críticas dos doutrinadores americanos quanto à formalização do *plea bargain*.

Caso não se finalize o acordo em apenas uma rodada de negociação, deve ser assinado *termo de confidencialidade* para o prosseguimento das tratativas, ato formal com o condão de vincular as partes, no sentido de impedir a recusa de uma delas na finalização do ajuste, salvo existente justa causa (art. 3º-B, § 2º, da Lei nº 12.850, de 2013, incluído pela Lei nº 13.964, de 2019).

Ainda que o ANPP não venha a ser celebrado ou, uma vez

CAPÍTULO 1
ACORDO DE NÃO PERSECUÇÃO PENAL (ANPP)

perfectibilizado, seja desfeito, o Ministério Público não poderá fazer uso da confissão formal e circunstancial feita pelo investigado, aplicando-se aqui, com mais razões ainda, a cláusula embutida no art. 3º-B, § 3º, da Lei nº 12.850, de 2013 (incluído pela Lei nº 13.964, de 2019).

Salvo a informação quanto à possibilidade de início das tratativas para a realização do ANPP, a ser feita pelo Ministério Público, nada pode ser discutido sem o investigado estar assistido juridicamente, impondo-se a necessidade de a procuração conter poderes específicos para a realização do ajuste (art. 3º-C, caput e § 1º, da Lei nº 12.850, de 2013, incluído pela Lei nº 13.964, de 2019).

As negociações devem ser feitas entre as partes, Ministério Público e acusado, este devidamente representado por seu advogado, vedado ao juiz participar das tratativas (art. 4º, § 6º, da Lei nº 12.850, de 2013).

O acordo tem de ser formalizado por escrito e assinado pelas partes (art. 28-A, § 3º, do CPP, incluído pela Lei nº 13.964, de 2019), nada dispondo a lei sobre como deve ser materializada a confissão formal e circunstancial, ao contrário do que se fez em relação à colaboração premiada, em que, diante dos problemas surgidos, houve o cuidado de realçar a necessidade de o depoimento do colaborador "... ser feito pelos meios ou recursos de gravação magnética, estenotipia, digital ou técnica similar, inclusive audiovisual, destinados a obter maior finalidade das informações..." (art. 4º, § 13, da Lei nº 12.850, de 2013). Essa regra deve ser aplicada ao ANPP. Cabe lembrar que a gravação em sistema audiovisual da confissão consta da Resolução do CNMP nº 181, de 2017 (art. 18, § 2º), ainda em vigor, nessa parte, de modo que o membro do Ministério Público, responsável pela condução e documentação das negociações referentes ao

ANPP na fase extraprocessual, deve cuidar de registrar as tratativas em meio audiovisual, para fins de transparência.

A circunstância de o ANPP, comparado à colaboração premiada, ser um negócio menos complexo não infirma o que foi dito acima, pois, no escopo de garantir maior fidelidade do acordo, tudo recomenda a documentação da negociação, notadamente quanto à confissão formal e circunstancial, sob a modalidade audiovisual.

Mesmo sendo razoável estabelecer que, quando se trata de colaboração premiada, não é da melhor ética o Ministério Público tomar a iniciativa quanto à proposição do negócio, no ANPP isso é diferente. Essa questão ética quanto à colaboração premiada é porque, em certo sentido, trata-se de um acordo cujo maior beneficiado em regra é o Ministério Público, tendo em consideração a sua necessidade de encontrar meios alternativos para viabilizar a obtenção de provas contra outros envolvidos na empresa criminosa.

No ANPP, não. Pelo contrário. Conquanto não se reconheça o ANPP como um lídimo direito subjetivo[12], restou assegurado ao investigado postular ao órgão superior do MP a oportunidade de fazer esse negócio, caso haja recusa pelo *Parquet* em fazer a proposta (art. 28-A, § 14, do CPP, incluído pela Lei nº 13.964, de 2019).

O *direito* em foco está inserto no § 14º do art. 28-A do CPP da seguinte forma, *ipsis litteris*: "No caso de recusa, por parte do Ministério

---

[12] O ANPP, assim como as outras formas de solução consensuada do processo (transação, suspensão condicional do processo e, até mesmo, a colaboração premiada), possui natureza de direito subjetivo, de modo que, nada obstante a negativa do Ministério Público, esse pleito deveria ser passível de apreciação pelo juiz. Aury Lopes tem essa posição em relação ao ANPP (LOPES JR; JOSITA, 2020). Porém, essa não foi a escolha do legislador.

CAPÍTULO 1
ACORDO DE NÃO PERSECUÇÃO PENAL (ANPP)

Público, em propor o acordo de não persecução penal, o investigado poderá requerer a remessa dos autos a órgão superior, na forma do art. 28 deste Código".

Veja-se. A regra jurídica fala na *recusa em propor*. Isso deixa implícito que essa recusa em propor o ANPP tem de ser expressa e comunicada ao investigado. E por qual motivo? A fim de possibilitar ao investigado, querendo, fazer uso da faculdade outorgada pela regra jurídica em destaque.

Isso porque o ANPP, assim como as outras formas de solução consensuada do processo (transação, suspensão condicional do processo e, até mesmo, a colaboração premiada), possui natureza de direito subjetivo, de modo que, nada obstante a negativa do Ministério Público, esse pleito deveria ser passível de apreciação pelo juiz. Aury Lopes tem essa posição em relação ao ANPP (LOPES JR; JOSITA, 2020).

Porém, como se vê da leitura do dispositivo em destaque, em relação ao ANPP, essa não foi a escolha do legislador, de modo que o investigado não tem direito de questionar a recusa do Ministério Público em fazer a proposta perante o Judiciário, só lhe sendo reservada a possibilidade de debater o tema no âmbito na instância revisional do órgão ministerial.

Assim tem entendido o Superior Tribunal de Justiça, merecendo referência parte da decisão monocrática do Ministro Ribeiro Dantas no EDcl no Habeas Corpus nº 581.444-SP, exarada em 1º/07/2020, assim redigida:

> Além da análise dos requisitos objetivos do acordo de não persecução penal, nos mesmos moldes do sursis processual, é essencial fazer a verificação de seu cabimento pelo Ministério Público, o qual detém o poder-dever de analisar, fundamentadamente, a possibilidade de aplicação ou não do referido instituto em compatibilidade com os requisitos

objetivos e subjetivos do art. 28-A do Código de Processo Penal. No caso, o Parquet entendeu ser incabível o oferecimento do acordo de não persecução, recusa esta confirmada pelo Procurador Geral de Justiça. Por conseguinte, sendo atribuição ministerial averiguar a suficiência e necessidade do acordo, não cabe ao Judiciário essa iniciativa.

3.2 Fase judicial

Quanto à fase judicial, o legislador teve o cuidado de definir o procedimento relativo ao ANPP. Conforme a previsão normativa, ao invés de oferecer a denúncia, formalizado o acordo, em petição assinada pelo Ministério Público, pelo investigado e o respectivo advogado, deve ser ajuizado o pedido de sua homologação (art. 28-A, caput e § 3º, incluído pela Lei nº 12.964, de 2019).

Como visto no item anterior, toda a tratativa referente ao acordo deve ser feita no ambiente extraprocessual restrito às participações do Ministério Público, do investigado e seu defensor, com o posterior protocolo perante o Judiciário da petição solicitando a homologação do que ajustado. Conquanto não tenha a lei feito referência, parece claro que essa petição assinada a 6 (seis) mãos, precisa ser devidamente instruída com os autos da investigação, como demonstração de que os elementos probatórios e as provas são do pleno conhecimento da defesa e do investigado.

Muitos podem dizer que o Ministério Público, à falta de estrutura adequada, não tem a menor condição de manter esse contato prévio com o investigado antes do ajuizamento da ação penal, até mesmo em razão de não possuir oficiais de justiça, em seus quadros. Será mesmo? Cabe lembrar que o Ministério Público dirige os Procedimentos de Investigação Criminal

(PICs) e inquéritos civis, mesmo sem contar com o trabalho de oficiais de justiça.

Além de esse tipo de argumento não merecer acolhimento, as alternativas para equacionar eventuais dificuldades são patentes, sem necessidade de reforço da estrutura funcional do Ministério Pública.

Uma iniciativa viável é o Ministério Público acertar com o órgão policial uma maneira de compartilhamento do contato do investigado. Com efeito, cientificado da investigação, o Ministério Público pode orientar a autoridade policial para transmitir ao investigado o interesse, ou não, em ofertar o ANPP, esclarecendo para, em caso de concordância, ele entrar em contato com o órgão ministerial, até determinada data.

Outra forma de tornar esse contato com o investigado mais ágil e menos burocrático, é o Ministério Público ajustar com a autoridade policial que, durante o interrogatório, o consulte sobre o eventual interesse em fazer o ANPP. Caso a resposta seja negativa, basta consigná-la no termo respectivo, restando resolvida a questão.

De outra banda, se houver sinalização de interesse do investigado quanto ao ANPP, suficiente disponibilização do contato deste, especialmente do número de whatsapp e do endereço de e-mail, para início das tratativas pelo MP[13].

Além dessas duas alternativas, há outras. É só questão de estudo das situações. Por exemplo. Em alguns casos, esse acordo pode ser celebrado na audiência de apresentação (custódia) ou mesmo as tratativas podem ter

---

[13] Diversos documentários revelam que assim procede a polícia nos Estados Unidos da América, fazendo essa comunicação entre o autor do crime e o Ministério Público, para fins de início da negociação.

início nesse momento.

Aliás, é de todo recomendável o MP, ainda na audiência de apresentação (custódia), satisfeitos os requisitos objetivos, desde logo, manifeste a sua disposição em realizar o ANPP e indague ao advogado e ao investigado quanto ao início da negociação, ou, então, já avise da recusa em fazer a proposta, explicitando as razões para tanto.

A sugestão acima foi adotada na Resolução do Conselho Nacional de Justiça nº 357, de 26 de novembro de 2020, que, ao permitir a realização por videoconferência das audiências de custódia, inseriu um § 3º no art. 19 da Resolução do CNJ nº 329, de 2020, para esclarecer que o Ministério Público poderá, nessa oportunidade, propor o ANPP.

Como se vê, podem ser tomadas diversas iniciativas para resolver esse entrave da comunicação. Só não pode é o Ministério Público, ao argumento de deficiência estrutural, pretender adotar no ANPP o procedimento prescrito para a suspensão do processo, não sendo adequado o oferecimento da ação penal com a proposta do ANPP, solicitando ao juiz a designação de audiência para ouvir o agente a respeito.

Não é adequado usar o novo instituto com um procedimento incompatível, diferente daquele alvitrado pela lei.

Sem embargo do expendido, o investigado, para poder se insurgir contra a negativa do ANPP (art. 28-A, § 14º, do CPP, incluído pela Lei nº 13.964, de 2019), precisa ser informado da recusa. Assim, independentemente de o Ministério Público ter o interesse em propor, ou não, o ANPP, ele terá de se comunicar com o investigado, fazendo chegar a este qual é a sua posição a respeito.

E mais, o § 1º do art. 28, o qual se aplica no caso de recusa do ANPP

CAPÍTULO 1
ACORDO DE NÃO PERSECUÇÃO PENAL (ANPP)

por expressa previsão inserta no § 14 do art. 28-A, ambos do CPP e incluídos pela denominada Lei do Pacote Anticrime, diz que o prazo para pedir a revisão quanto à posição assumida pelo representante do Ministério Público é de trinta dias, prazo cuja contagem tem início com a comunicação feita ao interessado.

Por conseguinte, essa comunicação se apresenta como *pressuposto de admissibilidade da ação penal*, pelo que, na ausência de comprovação de o investigado ter sido chamado para o início das tratativas ou comunicado da razão pela qual houve a recusa do ANPP, o juiz não deve receber a denúncia, com a consequente intimação do Ministério Público para sanar a omissão. Cabe lembrar, em relação à suspensão condicional do processo, a jurisprudência do STJ, segundo a qual, embora não se trate de um direito subjetivo do acusado, cuida-se de um *poder-dever* do Ministério Público, devendo este analisar a possibilidade de aplicação desse instituto de forma fundamentada (AgRg no HC 504.074/SP 2019).

Em outras palavras, satisfeitos os requisitos objetivos consistentes nas circunstâncias de o crime não ter sido praticado com violência ou grave ameaça e de a pena mínima ser inferior a quatro anos, o investigado tem o direito de ser chamado pelo MP para iniciar as tratativas do ANPP. Ou então, se for o caso, de ser informado do motivo pelo qual não lhe será feita essa oferta.

E essa informação, naturalmente, há de ser antes do ajuizamento da ação penal, sob pena de comprometer o enunciado do art. 28-A, § 14º, do CPP. No ponto, o Enunciado nº 32, aprovado na I Jornada de Direito e Processo Penal, promovido pelo Superior Tribunal de Justiça, deixou plasmado que "A proposta de acordo de não persecução penal representa um poder-dever do Ministério Público, com exclusividade, desde que cumpridos os requisitos do art. 28-A do CPP, cuja recusa deve ser fundamentada, para propiciar o controle previsto no § 14 do mesmo artigo".

Não supre a necessidade da prévia comunicação da recusa em propor o ANPP o fato de o investigado, durante a investigação, ao ser interrogado, não confessar o crime. Ora, não há de se exigir de alguém a confissão sem que a lhe seja feita a proposta do acordo. Até porque, ninguém, em tese, vai fazer primeiro a confissão para depois tentar o acordo. De regra, a pessoa só vai ser estimulada a fazer a confissão caso lhe seja ofertada a proposta do acordo.

Exatamente por isso, na I Jornada de Direito e Processo Penal foi editado o Enunciado 03, com a seguinte dicção: "A inexistência de confissão do investigado antes da formação da *opinio delicti* do Ministério Público não pode ser interpretada como desinteresse em entabular eventual acordo de não persecução penal".

De qualquer sorte, é preciso atentar para a circunstância de o § 1º do art. 28 do CPP incluído pela Lei nº 13.964, de 2019, se encontrar suspenso, por força de liminar deferida pelo Ministro Luiz Fux (MC na ADI 6.298/DF 2020). Como salientado acima, no preceito em causa, o qual se aplica à hipótese de recusa do MP em propor o ANPP, está dito que o prazo para o interessado submeter a matéria à revisão da instância competente do órgão ministerial é de 30 (trinta dias), contado do recebimento da comunicação.

Se o dispositivo não está em vigor, mas sim a redação originária do art. 28 do CPP, qual é o prazo para o investigado impugnar a posição adotada pelo membro do Ministério Público?

CAPÍTULO 1
ACORDO DE NÃO PERSECUÇÃO PENAL (ANPP)

A resposta é complicada. Ainda mais porque há de se entender que, havendo a impugnação da negativa do Ministério Público em discutir o ANPP, essa postulação tem o condão de impedir o ajuizamento da ação penal.

Não sendo esse o entendimento, como fazer caso, após oferecida e recebida a ação penal, o órgão da instância superior do Ministério Público conferir razão ao investigado? O juiz, nesse caso, teria de chamar o feito à ordem e rejeitar a ação penal já recebida e processado.

Note-se, portanto, a temeridade de o Ministério Público oferecer uma denúncia e o juiz de recebê-la, quando pendente de apreciação perante o órgão revisor ministerial a matéria referente à recusa da proposta do ANPP.

E esse é um ponto importante. Da forma como redigida a norma, assim como já pontuado, resta patente que não cabe impugnação por parte do investigado ao judiciário devido ao fato de ter sido recusada a proposta do ANPP. A discussão a esse respeito se exaure nas instâncias do Ministério Público, pelo que deve ser garantida a oportunidade de o investigado esgotar essa esfera, sob pena de a posição do *Parquet* legitimada para a ação penal reinar soberana, o que não é correto nem muito menos desejável.

Por conseguinte, não basta apenas reconhecer que o investigado possui o direito de ser comunicado da recusa pelo *parquet* em propor o ANPP. Há de se convir que o investigado detém algum prazo para pedir a revisão. Dessa maneira, enquanto o § 1º do art. 28 não passar a viger, de três alternativas, uma: (a) entender que o prazo, mesmo assim, é de trinta dias; (b) adotar o mesmo prazo para a resposta, que é de dez dias; (c) aplicar subsidiariamente o art. 218, § 3º, do CPC, no sentido de que, ante a ausência de prazo legal ou assinado pelo juiz, o prazo é de cinco dias.

Finalizando essa parte, o que se apresenta mais adequado é o entendimento de que, enquanto perdurar a suspensão da vigência do dispositivo, deve ser aplicado, subsidiariamente, o art. 218, § 3º, do CPC, de modo que o investigado, após a comunicação da recusa do membro do Ministério Público que atua no primeiro grau, possui o prazo de 5 (cinco) dias para exercer o direito de provocar a revisão pelo órgão ministerial superior, lapso temporal durante o qual não pode ser ajuizada a ação penal.

Acordado o ANPP e apresentada a petição requerendo a homologação, o juiz, obrigatoriamente, deverá designar audiência para decidir a respeito. Nessa parte, o legislador, na linha principiológica do sistema acusatório, optou pela oralidade em detrimento da prática dos atos pela forma escrita[14].

A realização da audiência deve ocorrer ainda que não se tenha qualquer dúvida quanto à *voluntariedade* da parte do investigado. Ela é obrigatória em qualquer circunstância. A pretensão é estabelecer a oralidade para fins de homologação, ainda que a decisão judicial seja reduzida a escrito. Nessa parte, pena o legislador não ter ido além, a fim de deixar expressa a possibilidade de a decisão de homologação ser feita oralmente pelo juiz, sem a necessidade de redução a escrito, sendo suficiente constar do termo de audiência o conteúdo do acordo.

No art. 28-A, § 4º, do CPP, está escrito que "Para a homologação do acordo de não persecução penal, será realizada audiência na qual o juiz

---

[14] O *Federal Rules of Criminal Procedure*, Rule 11(b)(1), determina que o autor do crime seja ouvido perante o Judiciário, para fins de homologação do *plea guilty* ou do *nolo contendere* (Rule 11. Pleas 2020).

CAPÍTULO 1
ACORDO DE NÃO PERSECUÇÃO PENAL (ANPP)

deverá verificar a sua voluntariedade, por meio da oitiva do investigado na presença do seu defensor, e sua legalidade". Verifica-se que o dispositivo nada dispõe sobre a eventual presença do Ministério Público nessa audiência.

Talvez a intenção tenha sido, efetivamente, evitar a presença do membro do Ministério Público. No entanto, se essa era a pretensão, por que o mesmo legislador não adotou dicção normativa similar à utilizada para a inclusão do § 7º no ar. 4º da Lei nº 12.850, de 2013? Lá está plasmada a regra segundo a qual o juiz deverá *ouvir sigilosamente o colaborador, acompanhado do seu defensor.*

Por outro lado, a presença do Ministério Público na audiência é até mesmo desejável, pois agiliza o ajuste das cláusulas do acordo, na eventualidade de o juiz, nos termos do § 5º do art. 28-A, do CPP, "... considerar inadequadas, insuficientes ou abusivas as condições dispostas no acordo de não persecução penal...". Em casos concretos tem-se observado que a presença do Ministério Público é até mesmo salutar

Por conseguinte, estando presente na audiência o Ministério Público, ao invés de determinar a devolução dos autos para fins de reformulação do acordo, tudo pode ser resolvido na própria audiência.

Diante da dicção normativa do § 4º do art. 28-A, do CPP, para fins de homologação, o juiz deve examinar dois aspectos: a *voluntariedad*e do investigado e a *legalidade*, devendo recusar validade ao negócio acertado entre as partes se a proposta não atender os requisitos legais ou, então, quando, apontada a necessidade de ajustes, as partes não cuidarem de sanar os vícios.

Assim como na colaboração premiada, para o ANPP não se exige a *espontaneidade*, porém apenas a *voluntariedade*, podendo o investigado estar afetado por influências externas, desde que legítimas[15]. O que se veda é que o investigado ser forçado ao acordo ou aceitar fazê-lo em razão de ameaças ou promessas exorbitantes para além da que diz respeito ao objeto do ajuste, qual seja, de não ser oferecida a denúncia.

Quanto à legalidade, ademais da regularidade formal e material, o juiz deve observar, ainda, se não é caso de arquivamento ou absolvição sumária do investigado, exame apenas possível se a petição pleiteando a homologação se fizer acompanhar dos autos da investigação.

Tome-se como exemplo situação em que o crime já esteja prescrito. Em casos tais, a despeito da concordância da defesa e do investigado em assinar o ANPP, o juiz não deve homologar o ajuste. O mesmo se diga se o juiz entender que não há *justa causa* para o acordo, diante da inexistência da prova da materialidade ou de indícios de autoria[16]. No sistema americano também é prevista, expressamente, a possibilidade de o juiz rejeitar o *plea agreement*[17].

A discussão aqui é se o juiz, nesse momento, poderia, desde logo, determinar o arquivamento da investigação ou, sendo o caso, na hipótese imaginada acima, prolatar decisão de absolvição sumária, em consonância com o art. 397, IV, do CPP. Se ou quando a liminar proferida pelo Ministro

---

[15] Na disciplina do *plea bargain* pelo *Federal Rules of Criminal Procedure*, consta na *Rule* 11(b) (2) que o juiz, na audiência, deve perquirir se a adesão ao acordo é voluntária e que não é resultado de ameaças ou promessas (Rule 11. Pleas 2020).

[16] O *Federal Rules of Criminal Procedure*, *Rule* 11(b) (3), também estabelece que, para fins do *plea guilty* ou do *nolo contendere*, o juiz deve observar se há base factual para dar ensejo ao acordo (Rule 11. Pleas 2020)

[17] Segundo o *Federal Rules of Criminal Procedure*, *Rule* 11 (b) (5) (A) (B) e (C), além de poder rejeitar o acordo, o juiz deve explicar ao autor do crime que ele tem a oportunidade de desistir da declaração de culpa, na medida em que será julgado sem a observância do que foi ajustado com o Ministério Público.

CAPÍTULO 1
ACORDO DE NÃO PERSECUÇÃO PENAL (ANPP)

Luiz Fux for revogada (MC na ADI 6.298/DF 2020), e entrar em vigor o art. 3º-B, caput e inciso IX, do CPP, não restará dúvida de que o juiz das garantias poderá, desde logo, decidir a respeito.

Nessa audiência, o juiz deve indagar se a defesa e o investigado estão a par de todos os elementos probatórios e/ou provas constantes da investigação. Essa intervenção do juiz não infirma a essência do *plea bargain*, pois mesmo nos Estados Unidos, no aperfeiçoamento desse sistema, tem-se conferido maior atuação jurisdicional na validação do acordo, no sentido de evitar que direitos fundamentais do autor do crime não sejam malferidos, em decorrência da desigualdade de armas entre o Ministério Público e a defesa (WALSH 2017, 8-9).

A exigência de os termos do ANPP passar pelo crivo do Judiciário é uma forma de assegurar a *paridade de armas na negociação*, evitando-se, com a intervenção do juiz, que, ante a deficiência da defesa, o investigado seja levado a aceitar um acordo leonino. Até por isso mesmo, na ideia do legislador, a competência para decidir a respeito deve recair na figura do juiz das garantias (art. 3º-B, XVII, do CPP).

Rejeitado o ANPP, salvo se o motivo decorrer do entendimento de ser hipótese de arquivamento da investigação, fatalmente, o Ministério Público irá oferecer a denúncia. É até um tanto quanto contraditório ele pedir o arquivamento ou mesmo arquivar – se ou quando entrar em vigência a alteração alvitrada para o art. 28 do CPP.

Homologado o ANPP, os autos devem ser entregues ao Ministério Público, a fim de ser ajuizado, perante o juiz da execução, o pedido de cumprimento das medidas restritivas ajustadas (art. 28-A, § 6º, do CPP). Talvez por apego ao modelo acusatório, o legislador ressaltou que a execução do cumprimento do acordado no ANPP não se dá de ofício, devendo ser postulada pelo Ministério Público.

Em conformidade com o salientado acima, conquanto exigida a confissão do crime, com o ANPP não se impõe pena, porém medidas restritivas, pelo que não tem sentido que a transferência da fiscalização quanto ao cumprimento do acordo para o *juízo da execução penal*. Ora, não há pena, logo, não há execução penal.

O controle do cumprimento das medidas diversas deveria permanecer na alçada do juiz competente para a homologação, assim como ocorre na transação e na suspensão condicional do processo. Todavia, expressamente, o legislador deixou consignado que "Homologado judicialmente o acordo de não persecução penal, o juiz devolverá os autos ao Ministério Público para que inicie sua execução perante o juízo de execução penal" (art. 28-A, 6º, do CPP). Resta claro, portanto, que o ajustado no ANPP deve ser objeto de ajuizamento perante o juízo da execução penal, cabendo ao Ministério Público tomar essa iniciativa.

O tratamento normativo deixa claro, ainda, que a fiscalização é compartilhada entre o juiz da execução e o Ministério Público, assim como ocorre na execução penal em geral, de modo que cabe a ambos verificar o cumprimento pelo investigado das condições estipuladas, cabendo ao Ministério Público, se for o caso, "... comunicar ao juízo, paa fins de sua rescisão e posterior oferecimento de denúncia". (art. 28-A, § 10, do CPP).

Uma palavra final quanto ao procedimento. Em relação ao ANPP, a norma processual é de conteúdo híbrido, razão pela qual, como se trata de norma mais favorável, retroage para beneficiar o acusado (art. 5º, XL, da Constituição). Por conseguinte, processos em andamento, desde que ainda

CAPÍTULO 1
ACORDO DE NÃO PERSECUÇÃO PENAL (ANPP)

não proferida a sentença, devem permitir o ANPP, cabendo às partes tomar iniciativa a esse respeito

É discutível se atingiria, igualmente, feitos sentenciados e, até mesmo, os casos nos quais já formada a coisa julgada (MAZLOUM e MAZLOUM 2020). Isso porque quando a Constituição trata da retroação para beneficiar, não estabelece limite. Assim, a pessoa condenada por um crime, mesmo com o trânsito em julgado, faz jus, de regra, à retroação da norma mais benéfica.

Mas, quando se trata de nova regra ou instituto processual, embora com conteúdo misto, o limite temporal para a aplicação retroativa da norma deve ser, pelo menos, o trânsito em julgado, até por uma questão de ordem prática. Seria um verdadeiro caos eventual entendimento da aplicação retroativa do ANPP inclusive para os casos transitados em julgado.

De toda sorte, o Supremo Tribunal Federal, quando da apreciação da aplicação retroativa da suspensão condicional do processo, fixou a posição no sentido de a prolação da sentença ser o limite, mesmo sem trânsito em julgado (HC 74.305-SP 1996). Mas há de se notar que esse precedente é antigo, e ficou sendo reiterado tendo em consideração a questão referente à suspensão condicional do processo.

A jurisprudência precisa avançar a respeito desse tema. A respeito, a 2ª Câmara Criminal do Ministério Público Federal editou o seguinte o Enunciado n° 98, com o seguinte teor:

> É cabível o oferecimento de acordo de não persecução penal no curso da ação penal, isto é, antes do trânsito em julgado, desde que preenchidos os requisitos legais, devendo o integrante do MPF oficiante assegurar seja oferecida ao acusado a oportunidade de confessar formal e circunstancialmente a prática da infração penal, nos termos do

art. 28-A da Lei nº 13.964/19, quando se tratar de processos que estavam em curso quando da introdução da Lei 13.964/2019, conforme precedentes (Aprovado na 182ª Sessão Virtual de Coordenação de 25/05/2020).

Entretanto, posteriormente, essa posição foi revista, sendo alterado o Enunciado nº 98, a fim de restringir a aplicação retroativa do ANPP, ficando assim redigido o entendimento consolidado pela 2ª Câmara Criminal do Ministério Público Federal:

> É cabível o oferecimento de acordo de não persecução penal no curso da ação penal, isto é, antes do trânsito em julgado, desde que preenchidos os requisitos legais, devendo o integrante do MPF oficiante assegurar seja oferecida ao acusado a oportunidade de confessar formal e circunstancialmente a prática da infração penal, nos termos do art. 28-A do CPP, quando se tratar de processos que estavam em curso quando da introdução da Lei nº 13.964/2019, conforme precedentes, podendo o membro oficiante analisar se eventual sentença ou acórdão proferido nos autos configura medida mais adequada e proporcional ao deslinde dos fatos do que a celebração do ANPP. Não é cabível o acordo para processos com sentença ou acórdão após a vigência da Lei nº 13.964/2019, uma vez oferecido o ANPP e recusado pela defesa, quando haverá preclusão (Alterado na 187ª Sessão Virtual de Coordenação, de 31/08/2020).

E se há de admitir, ainda, que, no caso de desclassificação do crime ou de procedência parcial da imputação criminosa, deve ser conferida a oportunidade para o ANPP, aplicando-se, aqui, a Súmula nº 337 do STJ ("É cabível a suspensão condicional do processo na desclassificação do crime e na procedência parcial da pretensão punitiva").

3.3 Efeitos do ANPP

No inciso IV do art. 116 do CP, incluído pela Lei nº 13.964, de 2019, foi enxertada mais uma hipótese de *causa suspensiva da prescrição*: *enquanto não cumprido ou não rescindido o acordo de não persecução penal*. Tem-se, assim, que o efeito imediato da homologação do ANPP é impedir a continuidade da fluência do prazo da prescrição da pretensão acusatória.

Como se trata de causa de suspensão da prescrição, o lapso temporal já decorrido não desaparece, permanecendo incólume. De tal modo, superado o óbice quanto à fluência do prazo, a prescrição recomeça a ser contabilizada pelo restante do tempo que falta (BITENCOURT 2012, 693). Ou seja, o tempo anterior, quando excluída a causa de suspensão, soma-se ao espaço temporal posterior.

Essa regra resolve o problema enfrentado na transação. Como a transação, assim como o ANPP, também ocorre antes do ajuizamento da ação, não há a interrupção da prescrição, permanecendo a fluência do prazo durante o período de prova do cumprimento das medidas restritivas aplicadas. Sem nenhuma interrupção ou suspensão desde a prática do crime, quando o autor do fato deixa de cumprir as medidas restritivas acertadas na transação, geralmente resta prejudicado o oferecimento da denúncia, pois, na maioria dos casos, já decorrido o prazo da prescrição, com a consequente extinção da punibilidade.

Infelizmente, o legislador não aproveitou a oportunidade para dizer que a suspensão do prazo prescricional também ocorre na transação e na colaboração premiada, nesta última, quando ajustado o não oferecimento da ação penal.

Não houve definição expressa quanto ao marco inicial da suspensão da prescrição. Diante do silêncio da lei, deve-se entender como momento da suspensão da prescrição, a data da publicação da sentença homologatória do ANPP, adotando-se, aqui, subsidiariamente, o entendimento quanto ao momento da interrupção da prescrição pelo recebimento da ação penal. E o momento no qual volta a fluir o prazo, a data da publicação da decisão que rescinde o acordo.

De outra banda, conforme visto acima, no ANPP não há imposição de pena. A sentença é meramente homologatória quanto ao que foi ajustado entre as partes. Uma vez cumpridas as medidas restritivas, o juiz profere sentença extinguindo a punibilidade (art. 28-A, § 13, do CPP).

No ponto, note-se que o legislador, por questão de política criminal, elegeu a hipótese de extinção de punibilidade como causa de absolvição sumária. Antes, diante da divergência a respeito da natureza jurídica do pronunciamento judicial quando do reconhecimento da extinção da punibilidade, o Superior Tribunal de Justiça editou a Súmula 18, a fim de esclarecer que "A sentença concessiva do perdão judicial é declaratória da extinção da punibilidade, não subsistindo qualquer efeito condenatório".

Porém, na Reforma Tópica do CPP de 2008, o legislador, acertadamente, tomou outra direção, no escopo de ressaltar no art. 397, inciso IV, do CPP, que a extinção de punibilidade se cuida de hipótese de absolvição, restando, portanto, superado o entendimento sumular.

Dessa forma, uma vez cumpridas as condições estabelecidas no ANPP, o juiz da execução profere decisão de extinção da punibilidade, pronunciamento judicial que, para efeitos legais, possui natureza absolutória.

O investigado, portanto, conservará a sua condição de primário, como se crime nenhum objeto do ANPP tenha sido praticado.

O não cumprimento das condições pactuadas no ANPP pode levar à revogação do ANPP. A despeito do tom imperativo do art. 28-A, § 10, no sentido de que o inadimplemento de uma das condições ajustadas tem como consequência a quebra do ANPP, o juiz, antes de decidir, deve, necessariamente, ouvir a defesa sobre o motivo pelo qual não cumpriu as cláusulas do acordo.

Após a oitiva do investigado, revogado o acordo, o Ministério Público deve oferecer a ação penal. Assim como assinalado supra, nesse caso, a despeito do silêncio da lei, não poderá ser utilizada no processo a confissão formal e circunstancial realizada pelo investigado, pois a sua validade é restrita ao objeto do ANPP.

Considerações finais

O ANPP sedimenta a mudança de paradigma do sistema processual penal brasileiro em direção ao modelo acusatório, conferindo espaço para o Ministério Público e o autor do crime, na qualidade de partes, assim como no ordenamento jurídico dos Estados Unidos da América, travarem diálogo com timbre adversarial, mediante a solução consensuada do problema penal, salvo nos crimes com emprego de violência ou grave ameaça, nos delitos de base organizativa, praticados em concurso e em relação aos agentes que deixam de atender os requisitos subjetivos exigidos na lei.

Esse novo instituto tem o condão de alterar o paradigma da jurisdição criminal, permitindo a solução da expressa maioria dos crimes de modo célere e abreviado, mediante consenso entre Ministério Público, defesa e investigado, reservando a movimentação de toda a engrenagem da máquina jurisdicional para os ilícitos de maior gravidade, havendo a intervenção judicial, apenas, para a realização da audiência de homologação, ou não, do acordo.

Especialmente no Brasil, diante das imensas desigualdades sociais e da ausência de estrutura mais dilatada da Defensoria Pública, impõe-se a intervenção judicial na homologação do ANPP, no escopo de conter o excesso de poderes concentrados nas mãos do Ministério Público e, assim, assegurar a paridade de armas entre as partes, tendo como foco obstar seja o investigado levado a realizar acordos leoninos, especialmente quando não houver justa causa, sequer, para o oferecimento da ação penal.

Em pouco tempo, é possível ser experimentada em nosso meio a realidade do sistema judicial americano, no qual mais de 90% (noventa por cento) dos casos criminais são resolvidos por meio do *plea bargain*, com a vantagem de, no ANPP, não se verificar a assunção ou declaração de culpa e muito menos condenação, sendo observado o preceito constitucional plasmado no art. 3º, inciso III, no sentido de erradicar a marginalização, ou, pelo menos, reduzi-la.

Bibliografia

ADis 6.298, 6.299, 6.300 e 6.305. "STF, Supremo Tribunal Federal." 2020.

AgRg no HC 504.074/SP. "STJ, Superior Tribunal de Jusitça." 2019.

ALBERGARIA, Pedro Soares de. *Plea bargaining: aproximação à justiça negociada nos EUA*. Coimbra: Almedina, 2007.

CAPÍTULO 1
ACORDO DE NÃO PERSECUÇÃO PENAL (ANPP)

ALEXANDER, Michelle. *A nova segregação: racismo e encarceramento em massa*. (Kindle). Tradução: Pedro Davoglio. São Paulo: Boitempo, 2018.

BARROS, Francisco Dirceu, e Jefson ROMANIUC. *Acordo de não persecução penal: teoria e prática*. Belo Horizonte: JH Mizuno, 2019.

BECCARIA, Cesare. *Dos delitos e das penas*. Tradução: Marcílio Teixeira. Rio de Janeiro: Vozes, 1979.

BERMAN, Sara J. *The basics of plea bargain*. 2020.

BIBAS, Stephanos. *Incompetent plea bargaining and extrajudicial reforms*. Cambridge, 20 de novembro de 2012.

BITENCOURT, Cezar Roberto. *Código penal comentado*. 7ª. São Paulo: Saraiva, 2012.

CORDEIRO, Nefi. *Colaboração premiada: caracteres, limites e controles*. Rio de Janeiro: Forense, 2020.

DELMAS-MARTY, Mireille. *Modelos e movimentos de política criminal*. Tradução: Edmundo Oliveira. Rio de Janeiro: Revan, 1992.

DRESSLER, Joshua. *Undestanding criminal procedure*. New York: Lexis Nexis, 2002.

A 13ª Emenda. Direção: Ava DUVERNAY. Produção: Kandoo Films. 2016.

FONSECA, Cibele Benevides Guedes da. *Colaboração premiada*. Belo Horizonte: Del Rey, 2017.

FORTUNA, E., S. DRAGONE, R. GIUSTOZZI, e A. PIGNATELLI. *Manuale pratico del nuovo processo penale*. Cedam, 1991.

GRECO FILHO, Vicente. *Manual de processo penal*. 9. São Paulo: Saraiva, 2012.

HC 108.914/RS. "STF, Supremo Tribunal Federal." Acórdão, 2012.

HC 115.721/PR. "STF, Supremo Tribunal Federal." Acórdão, 2013.

HC 74.305-SP. "STF, Supremo Tribunal Federal." Acórdão, 1996.

JASPER, Margaret C. Jasper. *You're under arrest: undesrtending the criminal justice system.* (Kindle). New York: Legal Easy Books, 2018.

KING, Roy D., e Emma WINCUP. *Doing research on crime and justice.* 2ª edição. Oxford: Oxford University Press, 2008.

LACERDA, Fernando Hideo I. *Comentários sobre o "projeto de lei anticrime".* São Paulo, 2020.

LENNON, Maria Ines Horvitz, e Julian Lopez MASLE. *Derecho procesal penal chileno: princípios, sujetos procesales, medidas cautelares, etapa de investigacion.* Santiago: Editorial Juridica de Chile, 2002.

LOPES JR, Aury, e Higyna JOSITA. "Questões polêmicas do acordo de não persecução penal." *Consultor Jurídico*, 6 de março de 2020.

LOPES JR., Aury. *Direito processual penal e sua conformidade constitucional.* 5. edição. Rio de Janeiro: Lumen Juris, 2010.

MAZLOUM, Ali, e Amir MAZLOUM. "Acordo de náo persecução penal é aplicável a processos em curso." *Conulstor Jurídico*, 7 de fevereiro de 2020.

MC na ADI 6.298/DF. "STF, Supremo Tribunal Federal." Decisão monocrática, 2020.

McCarthy v. United States. "U. S. Supreme Court." Washington, 1969.

MENDES, Soraia da Rosa, e Ana Maria MARTÍNEZ. *Pacote anticrime: comentários críticos à Lei 13.964/2019.* Kindle. São Paulo: Atlas, 2020.

METZKER, David. *Lei Anticrime (Lei 13.964/2019): comentários às modificações no CP, CPPP, LEP, Lei de Drogas e Estatuto do Desarmamento.* Kindle. São Paulo: Timburi, 2020.

ODUOR, Jacinta Anyango, et al. *Lef out of the bargain: settlements in foreign bribery cases and implications for asset recovery.* Washington, 2014.

CAPÍTULO 1
ACORDO DE NÃO PERSECUÇÃO PENAL (ANPP)

PEOPLES, Edward E. *Criminal procedures: a critique of the cort's development, and the aplication of the bill of rihts.* Forestville: Meadow Crest Publishing, 2015.

PRADO, Geraldo. *Sistema acustório e a conformidade constitucional.* 3. edição. Rio de Janeiro: Lumen Juris, 2005.

PRANIS, Kay. *Processos circulares de construção de paz.* Tradução: Tônia Van Acker. São Paula: Palas Athena, 2010.

PUTTKAMMER, Ernst W. *Administration of criminal law.* Chicago: University of Chicago, 1953.

RAUXLOH, Regina. *Plea bargaining in national and internacional law: a comparative study.* Kindle. New York: Routledge, 2012.

Rule 11. Pleas. "Federal rules of criminal procedure." 2020. https://www.federalrulesofcriminalprocedure.org/title-iv/rule-11-pleas/ (acesso em 28 de maio de 2020).

SILVA JÚNIOR, Walter Nunes da. *Curso de direito processual penal: teoria (constitucional) do processo penal.* 2. edição (Kindle). Natal: Owl, 2015.

—. *Reforma tópica do processo penal: inovações aos procedimentos ordinário e sumário, com o novo regime das provas, principais modificações do júri e as medidas cautelares pessoais (prisão e medidas diversas da prisão).* 3ª (Kindle). Natal: OWL, 2019.

SOUSA, Marllon. *Plea bargaining no Brasil.* Salvador : Editora Juspodivm, 2019.

SPRACK, John. *A pratical approuch to criminal procedure.* Oxford: Oxford University Press, 2006.

Súmulas Vinculantes do STF. "Supremo Tribunal Federal." Brasília, 2014.

WALSH, Dylan. "Why U.S. Criminal Courts are so dependent on plea bargaining." *The Atlantic.* 2 de 5 de 2017. https://www.theatlantic.com/politics/archive/2017/05/plea-bargaining-courts-prosecutors/524112/ (acesso em 18 de 5 de 2020).

XIAO, Michael Yangming. "Deferred/non prosecution agreements: effective tools to combat corporate crime." *Cornell Journal of Law and Public Policy* 23 (2013-2014).

ZEHR, Howard. *The little book of restorative justice.* New York: Good Books, 2014.

—. *Trocando as lentes: justiça restaurativa para o nosso tempo.* Tradução: Tônia Van Acker. São Paulo: Palas Athena, 2008.

CAPÍTULO 2

A desproporcional execução antecipada da pena nas condenações proferidas pelo Tribunal do Júri

Olavo Hamilton[1]

Ao final da Primeira Guerra Mundial, Georges Clemenceau, então primeiro-ministro da França, declarou que a guerra é demasiadamente grave para ser confiada aos militares. O contexto da afirmação se relaciona com a carnificina produzida nas trincheiras da frente ocidental, onde soldados franceses e alemães tinham ordens para avançar a qualquer custo. E o custo da estratégia militar, que buscava maior efetividade no combate, eram as muitas vidas humanas perdidas para a morte. Ao povo, que sofre os horrores da guerra, deveria caber, por meio da política, os destinos de um tema tão sério.

Com inspiração em Georges Clemenceau, pode-se defender que o julgamento de um ser humano, acusado de ter cometido crime doloso contra a vida, é algo sério demais para que seja confiado aos juízes. As determinações de matiz jurídica, especificamente as de natureza penal e processual penal, incidem dramaticamente na liberdade, tendo como custo primário as muitas vidas humanas perdidas para o cárcere. Ao povo,

---

[1] Advogado, Conselheiro Federal da OAB, Mestre em Direito Constitucional pela Universidade Federal do Rio Grande do Norte (UFRN), Doutor em Direito pela Universidade de Brasília (UnB), Professor da Faculdade de Direito (FAD) da Universidade do Estado do Rio Grande do Norte, Membro da Comissão Nacional de Direitos Humanos da OAB.

CAPÍTULO 2
A DESPROPORCIONAL EXECUÇÃO ANTECIPADA DA PENA NAS CONDENAÇÕES PROFERIDAS PELO TRIBUNAL DO JÚRI

destinatário final da justiça (e das injustiças), caberia, por meio da instituição do júri, os destinos de um julgamento tão grave.

Nessa linha de raciocínio, a instituição do júri não pode ser interpretada simplesmente como órgão especial de primeiro grau da Justiça Comum Estadual e Federal – antes de tudo, deve ser entendida como salvaguarda à liberdade, bem de índole constitucional. A normatização de seu procedimento e a organização que a lei lhe der devem partir dessa premissa. A instituição do júri serve mais à liberdade que à punição, resguarda mais o cidadão e menos o Estado, privilegia mais o subjetivo sentimento de justiça que a lei.

Da própria Constituição Federal se extrai esse viés, sobretudo ao reconhecer a instituição do júri entre os "Direitos e Garantias Fundamentais" (art. 5º, XXXVIII), o que lhe torna cláusula pétrea (art. 60, §4º, IV), e não na seção que trata dos órgãos do Poder Judiciário (art. 92). O Tribunal do Júri tem, pois, uma dupla concepção: é garantia fundamental do indivíduo contra o Estado e órgão especial de primeiro grau da Justiça Comum Estadual e Federal – sendo mais garantia que órgão.

Tendo como objetivo, declarado no discurso oficial[2], "aumentar a efetividade do Tribunal do Júri"[3], o "Pacote Anticrime"[4], consubstanciado

---

[2] Entende-se por "discurso oficial" sobre a legitimação do direito penal, o discurso jurídico sobre o delito, consubstanciado na teoria jurídica do crime, construído a partir da legislação penal imposta pelo Estado, tendo como objetivo imputar penas aos autores de fatos definidos como ilícitos penais, de acordo com os princípios de interpretação e de aplicação concreta da norma penal, no intuito declarado de promover, segundo teoria da pena, a prevenção geral (CIRINO DOS SANTOS, 2019).
[3] Cf. Anteprojeto de Lei elaborado pelo Ministério da Justiça, disponível em https://www.justica.gov.br/news/collective-nitf-content-1549284631.06/projeto-de-lei-anticrime.pdf < acesso em 01 de dezembro de 2020 >.
[4] A expressão, de nítido caráter midiático, comporta significados que podem ser objeto de severas críticas metodológicas e conceituais que fogem ao objeto do que ora se investiga.

na Lei 13.964/2019, promoveu significativa modificação quanto ao direito de recorrer em liberdade das decisões condenatórias promovidas pelo Tribunal do Júri, estabelecendo que em cominação de pena igual ou superior a 15 anos de reclusão, o juiz determinará sua execução provisória, com imediata expedição do mandado de prisão, não tendo efeito suspensivo a apelação interposta pelo réu nessa circunstância[5].

Qualquer intervenção de natureza penal ou processual penal somente se legitima se o objetivo é concretizar bens ou garantias constitucionalmente assegurados. A expressão "aumentar a efetividade do Tribunal do Júri" é vaga e não diz muito sobre a concretização de norma constitucional que a modificação legislativa pretende realizar. No entanto, com boa vontade, é possível identificar a garantia da soberania dos veredictos (Constituição Federal, art. 5º, XXXVIII, "c"), proferidos pelo Tribunal do Júri, como função declarada da execução antecipada da pena nas condenações que resultem cominação igual ou superior a 15 anos de reclusão. Parte-se da presunção que abreviar o início do cumprimento da pena imposta pelo júri seria um avanço no que toca à soberania dos decretos condenatórios.

Por outro lado, negar efeito suspensivo ao recurso de apelação contra as decisões condenatórias do Tribunal do Júri que impõem penas iguais ou superiores a 15 anos de reclusão, determinando a execução provisória, com imediata expedição do mandado de prisão, afeta e restringe a plenitude de defesa, garantia constitucional vinculada à instituição do júri (Constituição Federal, art. 5º, XXXVIII, "a").

---

[5] Cf. modificação da alínea "e" no inciso I do artigo 492 do Código de Processo Penal e inclusão do §4º no mesmo dispositivo.

CAPÍTULO 2
A DESPROPORCIONAL EXECUÇÃO ANTECIPADA DA PENA NAS CONDENAÇÕES
PROFERIDAS PELO TRIBUNAL DO JÚRI

Portanto, a modificação legislativa concebida para "aumentar a efetividade do Tribunal do Júri" promove uma colisão de garantias fundamentais, estabelecendo aparente conflito entre a plenitude de defesa e a concretização da soberania dos veredictos, asseguradas constitucionalmente ao se reconhecer a instituição do júri.

Faz-se necessário investigar, pois, se esse aspecto do "Pacote Anticrime" se configura em concretização de interesse constitucional ou se, pelo contrário, traduz-se em inconstitucionalidade. Uma vez que se trata de colisão de garantias fundamentais, o método para enfrentar o conflito deve ser o da ponderação por meio do princípio da proporcionalidade.

Para tanto, a estratégia de abordagem será, em um primeiro momento, marcar a compreensão do que seriam as garantias constitucionais consubstanciadas na plenitude de defesa e na soberania dos veredictos, vinculadas que são à instituição do júri, e se de alguma forma a mudança legislativa apontada as afeta, para depois estabelecer uma ponderação de adequação e necessidade quanto à execução antecipada da pena ora analisada.

A execução antecipada da pena cominada nas decisões condenatórias do Tribunal do Júri que sejam iguais ou excedam a 15 anos de reclusão também podem ser questionadas a partir de outras construções argumentativas igualmente importantes, tais como: 1) violação ao princípio da não culpabilidade; 2) o discurso da soberania dos veredictos poder ser confrontado com a possibilidade da condenação ser objeto de impugnação ampla, para além da imputação de culpa, abrangendo nulidades posteriores à pronúncia, violação da vontade dos jurados ou lei expressa e equívoco na aplicação da pena (Código de Processo Penal, art. 593, II, "b", "c", e "d").

No entanto, o presente capítulo não tratará desses temas, ficando adstrito à ponderação de proporcionalidade da medida adotada face à garantia de defesa plena.

1. Da defesa plena aos veredictos soberanos no Tribunal do Júri

Aos acusados em geral são assegurados a ampla defesa, com os meios e recursos a ela inerentes (Constituição Federal, art. 5º, LV). Especificamente em relação ao acusado de cometer crime doloso contra a vida, assegura-se a plenitude de defesa (Constituição Federal, art. 5º, XXXVIII, "a"). Os termos "ampla" e "plena" têm sentidos diferentes. A ideia de amplitude significa aquilo "[q]ue apresenta grandes dimensões; espaçoso, largo, vasto", plenitude representa o "[q]ue está cheio ou repleto" (MICHAELIS, 2006). A diferença não é apenas semântica – dela decorre uma nítida implicação processual. No mesmo sentido:

> Não parece se tratar de mera variação terminológica, com o mesmo conteúdo. **Pleno** (significa: repleto, completo, absoluto, perfeito) é **mais do que amplo** (significa: muito grande, vasto, abundante). Assim, a **plenitude de defesa** exige uma defesa em grau ainda maior do que o da **ampla defesa**. (BADARÓ, 2020, p. 763)

Dessa forma, o que couber ao sentido de ampla defesa estará contido também no espectro da plenitude de defesa. Mas nem tudo o que se conformar à defesa plena estará assegurado no conteúdo da ampla defesa. Assim, se os recursos processuais são instrumentos de concretização da ampla defesa no resguardo da liberdade, também o serão, com ainda mais vigor, em se tratando da plenitude de defesa típica dos processos de competência do Tribunal do Júri.

CAPÍTULO 2
A DESPROPORCIONAL EXECUÇÃO ANTECIPADA DA PENA NAS CONDENAÇÕES PROFERIDAS PELO TRIBUNAL DO JÚRI

Importante perceber que ao estabelecer obrigatória a execução provisória da pena sempre que a condenação pelo Tribunal do Júri seja igual ou superior a 15 anos de reclusão, expedindo-se imediatamente o mandado de prisão, não tendo efeito suspensivo a apelação interposta pelo réu, subverte-se de tal forma o conteúdo da plenitude de defesa que a torna menor que a garantia da ampla defesa. Por exemplo, ao ser condenado a 20 anos de reclusão pela prática de latrocínio (Código Penal, art. 157, §3º, II), o réu, estando solto, fazendo uso da ampla defesa e dos meios que lhes são inerentes, tem o direito de recorrer em liberdade. No entanto, ao ser condenado a 15 anos de reclusão pela prática de homicídio, o acusado que vinha respondendo ao processo em liberdade, mesmo lhe sendo garantida a plenitude de defesa, ainda que recorra, deverá cumprir imediatamente a pena que lhe foi imposta. A ampla defesa se torna mais abrangente que a plenitude de defesa.

Já a garantia de soberania dos veredictos diz respeito à vedação que outro órgão do Poder Judiciário substitua a decisão dos jurados, o que não significa que estes tenham poder absoluto ou ilimitado no julgamento da causa, circunstância que poderia validar resultados ilegais ou arbitrários. Por isso, não viola a soberania dos veredictos a decisão do Tribunal de Justiça que considera a decisão dos jurados "manifestamente contrária à prova dos autos" (Código de Processo Penal, art. 593, III, "d") e determina a realização de novo julgamento pelo Tribunal do Júri (BADARÓ, 2020, p. 765) – preserva-se, nesse caso, a competência e soberania do júri.

2. A desproporcional execução antecipada da pena

Consignada a compreensão do que vem a ser plenitude de defesa e soberania dos veredictos no âmbito da instituição do júri, bem como que a inovação legislativa trazida pelo "Pacote Anticrime", que impõe execução antecipada da pena quando a condenação proferida pelo Tribunal do Júri seja igual ou superior a 15 anos, inevitavelmente afeta e mitiga a plenitude de defesa, deve-se investigar a proporcionalidade e, consequentemente, a constitucionalidade dessa medida.

Para que uma lei passe pelo crivo do princípio da proporcionalidade, há de ser, simultaneamente, a) adequada, se cumpre a finalidade por si pretendida; b) necessária, se não há meio menos gravoso à obtenção do fim almejado; c) proporcional, estrito senso, se a intensidade da sanção imposta ao indivíduo for equivalente ao dano que se quis prevenir (caráter retributivo); d) socialmente menos ofensiva, se a medida trouxer consequências à coletividade menos graves do que os males que se propôs evitar (HAMILTON, 2019). A presente investigação se limitará aos aspectos da adequação e necessidade.

2.1. Uma medida inadequada

O juízo de adequação da lei, quanto à sua capacidade de alcançar o fim proposto, deve ser o primeiro a ser considerado na verificação da observância do princípio da proporcionalidade (PEDRA, 2006). Lei inadequada à concreção daquilo que se propôs é intenção vazia que não deveria ter sido ungida à condição de norma.

CAPÍTULO 2
A DESPROPORCIONAL EXECUÇÃO ANTECIPADA DA PENA NAS CONDENAÇÕES PROFERIDAS PELO TRIBUNAL DO JÚRI

O elemento adequação deve ser compreendido como o meio certo para levar a cabo um fim baseado no interesse público (BONAVIDES, 2004). Impõe que a medida legislativa adotada para a realização do interesse coletivo deva ser apropriada à consecução dos fins propostos. Assim, a exigência de conformidade pressupõe a investigação e a prova de que o ato do poder público guarda aptidão e conformidade aos fins justificados na sua adoção (CANOTILHO, 1998).

Portanto, não basta que a norma processual penal enuncie a proteção de algum resultado pragmático (como "aumentar a efetividade do Tribunal do Júri") para assegurar um bem ou garantia constitucional (a soberania dos veredictos, por exemplo). Se o seu desempenho é apto a afetar outro direito ou garantia fundamental (como a plenitude de defesa), a intervenção somente se legitima quando adequada a cumprir seu programa finalístico. Se não é capaz de realizar os efeitos manifestos que se esperam decorrer do comando normativo, há de ser considerada inidônea, enquanto instrumento de concretização.

Adequada, então, será a medida legislativa que guardar conexão, fundada em hipóteses comprovadas sobre a realidade empírica, entre o estado de coisas alcançado pela intervenção e o estado de coisas no qual o propósito puder ser considerado realizado. Todas as medidas adotadas pelo Estado que não implicarem nessa conexão empiricamente comprovável são consideradas desproporcionais e, por via de consequência, inconstitucionais (DIMOULIS e MARTINS, 2011).

Uma decisão judicial não pode ser considerada mais efetiva ou menos efetiva a partir de parâmetros que tenham fundamento na velocidade de sua execução. Considerando que uma das acepções do termo "efetivo" diz respeito ao "[q]ue produz ou é capaz de produzir o efeito pretendido" (MICHAELIS, 2006) e que a função das normas processuais é conduzir a um julgamento correto, mais que a agilidade da punição busca-se a segurança dos julgados.

Logo, "medidas para aumentar a efetividade do Tribunal do Júri" devem se relacionar mais com a confiança no microssistema de justiça criminal representado pela instituição do júri, que com a execução precária de suas decisões. Assim, a segurança jurídica que se extrai do duplo grau de jurisdição, da eventual análise de violação a direito federal ou constitucional pelas instâncias competentes e do trânsito em julgado, mais que a antecipação da pena, torna efetiva a decisão do Tribunal do Júri.

Aliás, outra significação para o termo "efetivo" é o "[q]ue está em conformidade com algo; [...] [d]igno de confiança; confiável, correto, leal" (MICHAELIS, 2006). Nesses termos, quanto maior a pena, mais se faria necessário o desempenho do sistema recursal para tornar segura sua aplicação. O que o "Pacote Anticrime" produziu, nesse específico ponto, foi o oposto.

Acrescente-se que se é a quantidade de pena aplicada e não a condenação pelo júri que condiciona a execução antecipada do decreto condenatório, não é a soberania dos veredictos, enquanto garantia constitucional, que se busca concretizar pelo desempenho da norma ordinária, mas sim a dissipação de um suposto sentimento de impunidade, objetivo que não encontra amparo no ordenamento jurídico constitucional vigente.

Em uma outra perspectiva, a própria soberania dos veredictos não é um direito dos jurados, nem segurança dirigida à instituição do júri em si,

CAPÍTULO 2
A DESPROPORCIONAL EXECUÇÃO ANTECIPADA DA PENA NAS CONDENAÇÕES PROFERIDAS PELO TRIBUNAL DO JÚRI

senão garantia constitucional aos direitos fundamentais do réu, sobretudo à liberdade. Não por outro motivo encontra-se enumerada na Constituição Federal dentre os direitos e garantias individuais, sendo alçada à categoria de cláusula pétrea. Trata-se de uma garantia do acusado e não pode ser usada contra sua pessoa.

Seguindo essa lógica, estabelecer que em cominação de pena igual ou superior a 15 anos de reclusão nas condenações proferidas pelo Tribunal do Júri, o juiz deve determinar sua execução provisória, com imediata expedição do mandado de prisão, não tendo efeito suspensivo a apelação interposta pelo réu nessa circunstância, é medida inadequada a incrementar a efetividade da instituição do júri e não concretiza a garantia constitucional da soberania de seus veredictos. Sendo inidônea a tanto e tendo a capacidade de afetar a plenitude de defesa, também de natureza fundamental, deve ser considerada desproporcional e, por isso, inconstitucional.

2.2. A desnecessária antecipação da pena

O segundo elemento informador do princípio da proporcionalidade é o da necessidade, também designado por "exigibilidade", pelo qual a medida legislativa não há de exceder os limites indispensáveis à conservação do fim que se propõe. O pressuposto desse elemento é o de que a norma restritiva seja indispensável à conservação de um direito ou garantia fundamental, não podendo ser substituída por outra, igualmente eficaz e menos gravosa (PEDRA, 2006) ao direito individual.

Dessa forma, o elemento necessidade prescreve que o indivíduo "tem o direito à menor desvantagem possível. Assim exigir-se-ia sempre a prova de que, para a obtenção de determinados fins, não era possível adotar outro meio menos oneroso para o cidadão" (CANOTILHO, 1998, p. 6). Demanda prova de que a medida se apresenta como a melhor possibilidade viável para a obtenção de certos fins e de menor custo ao indivíduo, bem como que atenda à relação custo-benefício, a fim de preservar, ao máximo, seus direitos (STUMM, 1995).

Dentre todos os meios adequados a alcançar os propósitos da norma, somente aquele que gravar o direito fundamental com menor intensidade será o necessário. Todos os demais, embora idôneos, devem ser considerados desnecessários. Se o legislador houver escolhido um meio mais gravoso do que o indispensável, sua escolha deve ser considerada inexigível, consequentemente desproporcional (DIMOULIS e MARTINS, 2011). Pode-se, então, entender desproporcional a medida legal quando: 1) o meio alternativo for menos gravoso ao indivíduo; e 2) o meio alternativo for, no mínimo, tão eficiente quanto a outra medida, mais gravosa.

Nesses termos, se o "Pacote Anticrime" pretende alcançar, com a imposição de execução antecipada da pena, a rápida "resposta" do sistema de justiça criminal aos processos reservados à competência do Tribunal do Júri, medidas administrativas e processuais menos gravosas ao réu seriam tão ou mais eficazes para esse desiderato como, por exemplo, o reaparelhamento da polícia investigativa, a racionalização das rotinas internas das varas criminais com atribuição para o júri e dos tribunais para o julgamento de seus respectivos recursos, investir em tecnologia e informatizar os processos de sua competência já na primeira instância. Não olvidar que as possibilidades recursais das decisões proferidas pelo Tribunal

CAPÍTULO 2
A DESPROPORCIONAL EXECUÇÃO ANTECIPADA DA PENA NAS CONDENAÇÕES PROFERIDAS PELO TRIBUNAL DO JÚRI

do Júri são bem mais estreitas, especificamente no que se refere à análise de prova.

Com essas medidas pode-se chegar ao mesmo resultado (abreviar o início do cumprimento da pena) sem afetar os direitos e garantias reservados ao réu – consistentes na liberdade, plenitude de defesa e presunção de não culpabilidade.

Assim, a medida que estabelece obrigatória a execução provisória da pena sempre que a condenação pelo Tribunal do Júri seja igual ou superior a 15 anos de reclusão, expedindo-se imediatamente o mandado de prisão, não tendo efeito suspensivo a apelação interposta pelo réu, configura-se desnecessária para "aumentar a efetividade do Tribunal do Júri". E, por afetar a plenitude de defesa, considera-se desproporcional e, por isso, inconstitucional.

Considerações finais

Ostentando como discurso oficial o objetivo de promover "medidas para aumentar a efetividade do Tribunal do Júri", o "Pacote Anticrime", consubstanciado na Lei 13.964/2019, estabeleceu que em cominação de pena igual ou superior a 15 anos de reclusão, o juiz determinará sua execução provisória, com imediata expedição do mandado de prisão, não tendo efeito suspensivo a apelação interposta pelo réu contra o decreto condenatório. Parte-se do pressuposto que abreviar o início do cumprimento da pena imposta pelo júri representa um avanço quanto à soberania dos veredictos.

No entanto, tal inovação legislativa afeta diretamente a plenitude de defesa, na medida em que limita as possibilidades de apelar em liberdade contra decisão condenatória proveniente do Tribunal do Júri. Não fosse o bastante, não representa qualquer ganho quanto à concretização da garantia fundamental de que trata a soberania dos veredictos, que mais se relaciona com a segurança dos julgados do que com a urgência de seu cumprimento e, em última análise, traduz-se em garantia individual que não pode ser invocada contra o réu.

Se o "Pacote Anticrime", ao estabelecer a imposição de execução antecipada da pena, tem como objetivo a rápida "resposta" do sistema de justiça criminal no contexto do Tribunal do Júri, a partir de medidas administrativas e processuais menos gravosas seria possível obter o mesmo resultado (abreviar o início do cumprimento da pena) sem afetar os direitos e garantias reservados ao réu – consistentes na liberdade, plenitude de defesa e presunção de não culpabilidade.

Da análise se extrai que a medida estudada é inadequada e desnecessária, devendo ser considerada desproporcional e, por isso, inconstitucional.

Bibliografia

BADARÓ, Gustavo Henrique. **Processo Penal**. 8a. Edição. Revista, atualizada e ampliada. São Paulo: Thomson Reuters Brasil, 2020.

BONAVIDES, Paulo. **Curso de Direito Constitucional**. 15a. Edição. São Paulo: Malheiros, 2004.

BRASIL. **Código Penal**. Decreto-Lei 2.848. 1940.

BRASIL. **Código de Processo Penal**. Decreto-Lei 3.689. 1941.

BRASIL. **Constituição da República Federativa do Brasil**. 1988.

CAPÍTULO 2
A DESPROPORCIONAL EXECUÇÃO ANTECIPADA DA PENA NAS CONDENAÇÕES PROFERIDAS PELO TRIBUNAL DO JÚRI

BRASIL. **Lei 13.964**. Aperfeiçoa a legislação penal e processual penal. 2019.

CANOTILHO, José Joaquim Gomes. **Direito constitucional e teoria da Constituição**. 4a. Edição. Coimbra: Almedina, 1998.

CIRINO DOS SANTOS, Juarez. **Direito Penal:** Parte Geral. 9a. Edição. Revista, atualizada e ampliada. São Paulo: Tirant lo Blanch, 2019.

DIMOULIS, Dimitri; MARTINS, Leonardo. **Teoria geral dos direitos fundamentais**. 3a. Edição. São Paulo: Revista dos Tribunais, 2011.

HAMILTON, Olavo. **Princípio da proporcionalidade e guerra contra as drogas**. 4a. Edição. Natal: OWL Editora Jurídica, 2019.

MICHAELIS. **Moderno Dicionário da Lingua Portuguesa**. São Paulo: Melhoramentos, 2006.

PEDRA, Anderson Sant´Ana. **O controle da proporcionalidade dos atos legislativos:** a hermenêutica constitucional como instrumento. Belo Horizonte: Del Rey, 2006.

STUMM, Raquel Denize. **Princípio da proporcionalidade no direito constitucional brasileiro**. Porto Alegre: Livraria do Advogado, 1995.

CAPÍTULO 3

A nova dinâmica procedimental da colaboração premiada

Caio Vanuti Marinho de Melo[1]

Não é exagero afirmar que a colaboração premiada é hoje, o principal meio utilizados pelas agências penais nas grandes operações. Tornou-se usual que investigações se desenvolvam, efetivamente, após a contribuição de um coautor do crime imputado.

A colaboração não é propriamente uma novidade no nosso ordenamento jurídico e já fora previsto desde a Lei de Crimes Hediondos, em 1990. Posteriormente, também foi a antiga Lei das Organizações Criminosas, Lei de combate à lavagem de dinheiro e a Lei de Drogas, até ser tratada na Lei nº 12.850/13 (Lei de combate às Organizações Criminosas), que imediatamente se tornou o marco legal sobre a matéria, pois foi a primeira a trazer uma previsão mais extensa sobre o procedimento da colaboração.

A determinação legal de um procedimento negocial colocou a colaboração premiada dentro de um movimento global de expansão da

---

[1] Advogado criminalista. Assistente da Coordenação Regional do IBCCrim (2018. Mestrando em Direito Constitucional (2018.2 até a presente Data) pela Universidade Federal do Rio Grande do Norte (UFRN). Integrante do projeto de pesquisa "O Direito Criminal como corpo normativo construtivo do sistema de proteção dos direitos e garantias fundamentais, na perspectivas subjetiva e objetiva" e, atualmente, do projeto "Criminalidade violenta e diretrizes para uma política de segurança pública no Estado do Rio Grande do Norte", ambos da Universidade Federal do Rio Grande do Norte (UFRN)

CAPÍTULO 3
A NOVA DINÂMICA PROCEDIMENTAL DA COLABORAÇÃO PREMIADA

justiça criminal negocial, que, no Brasil, foi capitaneado pela Lei dos Juizados Criminais e teve a última expansão com a criação do acordo de não-persecução penal, pelo pacote anticrime.

A importância da determinação de um procedimento é conferir segurança jurídica para as partes e possibilitar o controle da atuação dos proponentes, impedindo que o instituto se transforme é um poço de arbitrariedades.

Tendo isso em vista, pode-se dizer que houve grande avanço com as alterações promovidas pela Lei 13.964, de 2019, que a par de alterações em outras leis criminais e no próprio âmbito da colaboração premiada, teve o êxito de aprimorar o procedimento negocial, sobretudo na fase de negociação. Além disso, foram incluídos novos critérios para o momento da homologação e, por fim, a determinação de uma técnica de decisão para conceder os benefícios ao colaborador.

Permeará toda essa análise, uma análise garantista do instituto da colaboração, em virtude de ser o único compatível com o Estado Democrático de Direito. A partir daí, utilizar-se-á dos parâmetros da teoria constitucional do processo penal e da garantia do devido processo legal para investigar os efeitos das alterações promovidas pelo pacote anticrime.

Dessa forma, o presente estudo pretende contribuir para os debates que surgirão a partir dessas alterações, sugerindo soluções e por muitas vezes lançando questionamentos adicionais, em vista do contínuo aprimoramento da prática negocial criminal brasileira.

Para isso, será utilizada a pesquisa bibliográfica, em virtude do caráter hipotético-dedutivo do estudo, a partir de levantamentos, leituras, resumos e fichamentos críticos de obras e artigos científicos.

Sendo assim, o objetivo principal deste estudo será analisar a contribuição do pacote anticrime para a evolução procedimental da colaboração premiada. Especificamente, buscará analisar-se a criação de um procedimento para a fase de negociação, os novos critérios do juízo de homologação e a mudança na sistemática da audiência prévia com o colaborador, o momento da colaboração efetiva e a elaboração de um método de decisão.

1. A criação de um procedimento de negociação

A fase que sempre mais careceu de atenção por parte do legislador, foi a menos regulada pela Lei 12.850 de 2013, que dirigiu maior diligência à fase de homologação. A situação foi alterada com a introdução dos artigos 3º-A, 3º-B e 3º-C pela Lei 13.964, de 2019 que positivou alguns dos termos constantes na Orientação Conjunta 01/2018, do MPF, que era utilizada como base para o procedimento da negociação.

Ela se iniciará com a proposta de formalização do acordo que, em tese, poderá ser feita por qualquer uma das partes, entretanto o Ministério Público tem preferido, mesmo antes da alteração legislativa, relegar essa iniciativa exclusivamente ao acusado, como medida para afastar eventual alegação de coação por parte da acusação, além de que a iniciativa ministerial poderia demonstrar a fragilidade das provas que possui (PEREIRA, 2020, p. 7).

Ademais, o próprio art. 3º-B, §1º parece pressupor que a responsabilidade pela proposta é do imputado quando diz que "A proposta de acordo de colaboração premiada poderá ser sumariamente indeferida, com a devida justificativa, cientificando-se o *interessado*." (grifo do autor).

CAPÍTULO 3
A NOVA DINÂMICA PROCEDIMENTAL DA COLABORAÇÃO PREMIADA

Ocorre que pela nomenclatura adotada nos novos dispositivos o termo "interessado" corresponde invariavelmente àquele que é alvo da persecução penal e potencial colaborador (PEREIRA, 2020, p. 6), logo a parte que fez a proposta e será cientificado pelo Ministério Público ou pelo Delegado de Polícia, aos quais se dão o nome de *proponente*.

Assim sendo, poderá a parte que receber a proposta de formalização sumariamente indeferi-la. A lei obriga que o indeferimento venha acompanhado de uma justificativa, reforçando que supõe a iniciativa por parte do interessado, uma vez que essa *accountability* é própria dos órgãos públicos, como o Ministério Público e a autoridade policial. Nesse sentido, vale ressaltar que o indeferimento só deverá ocorrer quando não estiverem presentes os pressupostos de admissibilidade da colaboração (emergência investigativa em concreto e indícios de corroboração e coerência do relato)[2].

Ocorrendo o indeferimento, surge para o interessado duas alternativas, primeiro, procurar a efetivação imediata do seu direito à colaboração, por meio de petição direcionada ao juízo competente, na denominada *colaboração premiada unilateral* (SANTOS, 2017). Em segundo plano, também poderá utilizar-se do art. 28, do CPP, encaminhando o pedido de formalização para a instância de revisão ministerial, por meio de analogia do art. 28-A, §14, que autoriza esta sistemática para o acordo de não-persecução penal (CAVALCANTE, 2020, p. 64).

---

[2] Emergência investigativa é quando o Estado demonstra ser incapaz de combater a criminalidade utilizando dos meios tradicionais de prova. Fora utilizada, para justificar a criação de técnicas especiais de investigação, mas também pode adotar uma concepção concreta desse conceito, considerando que há emergência investigativa, quando existir uma dificuldade real e concreta da investigação, que só irá avançar com a ajuda da colaboração. O indícios de corroboração e coerência, por sua vez, é uma exigência preliminar de que o relato do colaborado seja verossímil e minimamente ancorado em outros fatos, evitando que sejam homologadas colaborações totalmente descabidas.

Por outro lado, se aceita a proposta de formalização as partes deverão firmar termo de confidencialidade, vinculando as partes e impedindo o indeferimento – por parte do Ministério Público – posterior sem justa causa[3]. O termo de confidencialidade serve compromisso mútuo para que o conteúdo das tratativas não seja publicado, preservando a imagem do acusado e as medidas investigativas capitaneadas pelos órgãos de persecução penal.

Caso a confidencialidade seja quebrada, nenhuma sanção endoprocessual poderá ser imposta às partes, a lei não prevê nada nesse sentido de modo que a única consequência seria o próprio encerramento das negociações, com a inutilização de quaisquer declarações ou anexos já produzidos. A toda sorte, as partes podem ainda querer continuar negociando, no que transforma, na prática o termo de confidencialidade somente numa comprovação do marco inicial das negociações.

Tendo isso em vista, é recomendável que se busque a celebração de um pré-acordo, contendo os possíveis prêmios a partir de uma lista de assuntos que pretende trazer à investigação (CALLEGARI, LINHARES, 2019, p. 55). A partir disso, poderia se estipular sanções contratuais pela quebra de confidencialidade como, por exemplo, redução ou aumento na proposta de benefícios a depender de quem foi a culpa da publicidade indevida das negociações.

---

[3] "A justa causa para indeferir o prosseguimento das negociações é traduzida pela constatação fundamentada de que não permanecem as razões de utilidade e interesse públicos no acordo. Isso pode se dar, por exemplo, pela ausência de corroboração nas informações, por uma atitude reticente do interessado em auxiliar nas diligências, pela incompatibilidade entre as revelações do agente e elementos comprobatórios diversos alcançados nas investigações" PEREIRA, Frederico Valdez Pereira. Módulo II Op. cit. p. 10

CAPÍTULO 3
A NOVA DINÂMICA PROCEDIMENTAL DA COLABORAÇÃO PREMIADA

Como se pode ver, mesmo antes de realmente se iniciarem as negociações surgem situações processuais complexas de modo que é louvável o lembrete do art. 3º-C, §1º, da Lei 12.850 de 2013: "Nenhuma tratativa sobre a colaboração premiada deve ser realizada sem a presença de advogado constituído ou defensor público", que prestigia o direito de defesa. A presença de um defensor técnico é condição de validade para qualquer fase da colaboração premiada, que deverá ser constatada desde a proposta de formalização, instruída com procuração de poderes específicos para o ato. Caso contrário, a proposta deverá ser assinada pelo defensor e pelo interessado.

Também em relação ao defensor, a Lei 13.964, de 2019, previu que em caso de eventual conflito de interesses, ou de colaborador hipossuficiente, o Ministério Público deverá solicitar a presença de outro advogado ou a presença de defensor público (art. 3º-C, §2º, Lei 12.850 de 2013). Neste ponto, será necessário se valer da teoria dos jogos para entender a determinação legal. Em primeiro plano, a recorrência de acordos de colaboração em grandes operações induz à repetição de negociadores e será natural que se prefira negociar com quem anteriormente se tive alguma experiência positiva (ROSA, 2018, p. 231). Logo, este deverá ser um fator a ser considerado pelo colaborador na escolha do seu advogado e haverá uma tendência a querer *jogar* com que age cooperativamente (ROSA, 2018, p. 231). Trata-se de tática dominante tanto para a acusação, quanto para a defesa, isto é, existe um interesse convergente, visando a maximização de ganhos, para que se escolham negociadores cooperativos (ROSA, 2018, p. 231).

Umas das táticas que eram utilizadas para isso era justamente a sugestão de troca de defensores, fazendo chegar a informação ao colaborador de que com certos defensores não se negocia ou, indicando que se houver a troca por um defensor mais experiente em negociação, o resultado poderá ter um melhor resultado(ROSA, 2018, p. 232).

A escolha do defensor, pela acusação, é prática perniciosa e deve ser evitada, na outra ponta, não se pode ser ingênuo e achar que a reputação do seu defensor não afetará a forma como ocorrerão as tratativas. De toda forma, essa não pode ser uma imposição do *parquet*, mas uma decisão do próprio colaborador a partir de uma análise de custos e benefícios.

Nesse sentido, o que o art. 3º-C, §2º fez foi institucionalizar uma prática subterrânea das grandes operações. Dessa forma, poderá ajudar a identificar se a troca de defensor é uma imposição ou se realmente há necessidade de tal medida.

O problema é que as hipóteses são bastante subjetivas e vai demorar até que se estabeleça padrões do que será hipossuficiência ou conflito de interesses. Em relação ao segundo, Frederico Valdez Pereira defende a proximidade da norma com a contida no Código de Processo Penal Italiano que veda o mesmo advogado defenda dois ou mais colaboradores, segundo o autor haveria risco de adulteração das colaborações como tentativa de bloqueio, "quando a mesma sociedade de advogados defende investigados com interesses opostos" (PEREIRA, 2020, p. 14). Deve-se somente fazer a ressalva de que a norma italiana tem um conteúdo sutilmente diferente do que foi apresentado, em verdade, a vedação é que o mesmo advogado atue na defesa de dois ou mais colaboradores que estejam *acusando a mesma pessoa* (BITTAR, 2011, p. 236). Sendo assim, a finalidade da norma não é propriamente evitar o conflito de interesses, mas impedir acusações manipuladas contra alguém.

Disso pode-se apreender que mesmo quando o escritório de advocacia se mostre refratário à opção de colaborar, não se mostra presente o requisito do conflito de interesses capaz de permitir a solicitação de outro defensor. Assumir uma postura reativa à acusação é uma tática defensiva legítima e se o acusado quiser mesmo colaborar irá ele mesmo trocar de defensor, sem a necessidade da perniciosa ingerência da acusação. O conflito de interesses, para permitir a solicitação de troca de defensor, deve estar consonante as disposições do Código de Ética e Disciplina da Ordem dos Advogados do Brasil (OAB), especialmente os arts. 17 e 18, quando se fala em *interesses opostos* entre clientes. À vista disso, poderá se considerar que há tal conflito quando, por exemplo, o mesmo escritório estiver defendendo o delator e membros da organização criminosa delatada.

Superada das questões preliminares, em relação à legitimidade dos proponentes, ao termo de confidencialidade e à escolha do defensor, finalmente pode-se chegar à negociação de fato. Aqui cada parte deverá usar o melhor das suas habilidades para angariar o melhor acordo possível, como diz Cibele Fonseca "não há fórmula mágica para a realização de um bom acordo" (2017, p. 115). Nesse momento é crucial que o proponente tenha um conhecimento profundo sobre a investigação para que saiba exatamente o *preço* das informações trazidas e se há algo mais que possa extrair do colaborador.

Deve-se ter cuidado com a interpretação do art. 3º-C, §3º, da Lei 12.850, de 2013 ("No acordo de colaboração premiada, o colaborador deve narrar todos os fatos ilícitos para os quais concorreu e que tenham relação direta com os fatos investigados"). A leitura do dispositivo não pode estar dissociada de uma interpretação sistêmica. Nesse sentido, deve ser observado o regime jurídico que tem sido dado pelo Superior Tribunal de Justiça à confissão, da qual não é requisito a integralidade[4], logo pode ser parcial(MASSON, 2018, p. 753), relativa a somente alguns fatos ou excluindo qualificadoras ou causas de aumento de pena, por exemplo. É nessa perspectiva que foi editada a Súmula 545, do STF: "Quando a confissão for utilizada para a formação do convencimento do julgador, o réu fará jus à atenuante prevista no art. 65, III, *d*, do Código Penal".

O mesmo entendimento pode e deve ser transladado para a colaboração premiada que, ontologicamente, é uma espécie de confissão qualificada (BRASIL, 2018, p. 7)[5], com a gravidade de que quando se fala de organizações criminosas não é incomum de que corra risco de morte ao colaborar com a persecução penal.

Nesse sentido, deve-se fazer a leitura do art. 3º-C, §3º, com o art. 4º, §17 (O acordo homologado poderá ser rescindido em caso de *omissão dolosa* sobre os fatos objeto da colaboração). Logo, é preciso constatar a intenção de omitir para que se possa rescindir o acordo. Mais do que isso, necessita-se de uma postura preventiva por parte dos proponentes, garantindo a integridade física do colaborador e de sua família, tendo

---

[4] "São requisitos *intrínsecos*: (a) verossimilhança; (b) certeza; (c) clareza; (d) persistência; (e) coincidência com os demais elementos probatórios. São requisitos *extrínsecos* (formais): (a) ser pessoal, (b) expressa, (c) feita perante autoridade competente, (d) livre e espontânea, (e) saúde mental do confitente em ordem. DEZEM, Guilherme Madeira. **Curso de processo penal**. 6. ed. rev., atual. e ampl. São Paulo: Thomson Reuters Brasil, 2020. p. 719

[5] "Em síntese, o que é a delação premiada? É simples depoimento, prestado à autoridade, que será considerado, inclusive sob o ângulo das consequências, na hora devida, pelo órgão julgador, para fins de reconhecimento de benefícios, descritos na Lei. Transparece como confissão qualificada pelas informações que podem levar a resultados, também previstos na Lei"

CAPÍTULO 3
A NOVA DINÂMICA PROCEDIMENTAL DA COLABORAÇÃO PREMIADA

redobrado cuidado na redação do acordo de colaboração. É preciso que as obrigações do colaborador sejam muito bem especificadas, sob pena de insegurança jurídica para ambas as partes. Exemplificadamente, se um acordo for redigido com uma cláusula genérica como "o colaborador deve narrar todos os fatos ilícitos para os quais concorreu e que tenham relação direta com os fatos investigados" e mais nada, o risco dessa colaboração não ser satisfatória para o Ministério Público é enorme.

Além do mais, o ponto crucial das negociações consiste na formação dos anexos, prática criada pela Operação Lava-Jato para dividir o conteúdo da colaboração permitindo a remessa de parte do acordo para tribunais superiores ou ainda que somente alguns anexos fossem divulgados, enquanto outros não(FONSECA, 2017. p. 112-113).

Segundo a Orientação nº 1/2018, cada fato típico ou conjunto de fatos típicos "intrinsecamente ligados" deverá ser apresentado em um anexo específico que deverá conter, no mínimo, i) a descrição dos fatos delitivos; ii) duração dos fatos e locais de ocorrência; iii) identificação de todas as pessoas envolvidas; iv) meios de execução do crime; v) eventual produto ou proveito do crime; vi) potenciais testemunhas dos fatos e outras provas de corroboração existentes em relação a cada fato e a cada pessoa; vii) estimativa dos danos causados.

A Lei 13.964, de 2019 tratou de institucionalizar a questão, com a introdução do art. 3º-C, §4º à Lei 12.850, de 2013, que além de prever os anexos, delega à defesa a instrução deles e da proposta de colaboração, obrigação condizente com a dinâmica do instituto.

Vale ressaltar, que caso sejam encerradas as negociações, por qualquer motivo, o celebrante não poderá se valer de nenhuma das informações ou provas apresentadas pelo colaborador. O art. 3º-B, §6º, aponta que apenas no caso de o acordo não ser celebrado por iniciativa do Ministério Público ou da autoridade policial existiria essa restrição probatória, contudo, em prestígio à amplitude do direito de defesa deve-se fazer a leitura constitucional do dispositivo para estendê-lo para qualquer hipótese. A colaboração premiada também é um meio de defesa e a estratégia defensiva pode variar à luz de novos fatos, tornando a postura cooperativa desinteressante para o acusado, o que, sob nenhuma hipótese, pode ser sancionado, com a permanência de provas incriminatórias.

A única exceção seria o caso de patente má-fé por parte do interessado. Por exemplo, na situação em que se verificar ele formou anexos, para depois desistir das negociações, o que teoricamente impediria o uso dos elementos de prova apresentados. Nesse caso, se constatado o motivo espúrio de nulificar elementos de prova, esses poderiam ser considerados válidos e utilizados em juízo.

Ademais, a assinatura do termo de confidencialidade não suspende, por si só, a investigação, nem impede a propositura de medidas cautelares e assecuratórias. Em relação à negociação procedida durante a investigação a medida parece adequada, inclusive o §5º, do art. 3º-B, da Lei 12.850 de 2013, reforça que é possível a investigação antes do acordo de colaboração premiada, quando houver necessidade de identificação ou complementação de algum elemento componente do acordo ou mesmo da sua relevância.

Por outro lado, a permanência ou pedido de novas medidas cautelares deve ser vista com redobrado cuidado. Veja-se, toda medida cautelar deve estar fundamentada no *periculum in libertatis* ou no *periculum in mora (*SILVA JÚNIOR, 2015 p. 588-589)*, isto é, é preciso que a medida

CAPÍTULO 3
A NOVA DINÂMICA PROCEDIMENTAL DA COLABORAÇÃO PREMIADA

seja necessária para resguardar algum bem jurídico relevante, o qual só estará protegido com sua efetivação. Ora, se o imputado está assumindo uma postura colaborativa com a acusação, se propondo auxiliar na incriminação de terceiros e na recuperação de valores por que uma medida cautelar seria necessária?

A situação assume especial gravidade no caso das medidas cautelares pessoais, em que a medida pode ser utilizada como instrumento de coerção para conseguir um acordo mais vantajoso para a acusação.

Assim sendo, a melhor solução seria a de qu, o juízo fosse pelo menos avisado de que imputado está negociando acordo de colaboração. Se isso não ocorrer no próprio pedido da medida cautelar, a defesa deverá se manifestar durante a audiência de custódia, com o devido cuidado de que a informação seja direcionada unicamente ao juiz, para salvaguardar o sigilo das negociações.

Inclusive, ressalta-se a importância do sigilo para o sucesso das negociações, evitando a pressão midiática que pode distorcer mais ainda a pretensa paridade entre defesa e acusação, além do resguardo das diligências investigatórias necessárias. Conforme o art. 7º, §3º, da Lei 12.850 de 2013 o acordo será mantido em sigilo até o recebimento da denúncia ou da queixa-crime, sendo vedado ao magistrado decidir por sua publicidade em qualquer hipótese.

O dispositivo trabalha com a lógica da colaboração premiada padrão, negociada na fase de investigação e encaminhada para homologação junto com a denúncia, entretanto não fica claro o regime de sigilo aplicado nas hipóteses de a colaboração premiada ser negociada na fase processual ou de execução penal. A falta de disposição legal específica induz que a decisão deverá ser do magistrado no caso concreto, nesse sentido, a interpretação teleológica do art. 7º, §3º conduz à conclusão de que o sigilo deverá ser levantado pela ocasião da homologação do acordo, a fim de manter o sigilo durante todas as negociações. Há também o entendimento de que o sigilo nas colaborações da fase processual e de execução penal só sobreviveria até o peticionamento do pedido de homologação (DIPP, 2015. p. 36), o que também parece ser razoável, apesar de que aponta-se a homologação em si como o momento de levantamento de sigilo, pois o dispositivo originalmente delega isso também a um momento decisório (recebimento da denúncia).

De todo modo, será obrigatório o registro das tratativas e, posteriormente, dos atos de colaboração com o uso de quaisquer meios de gravação, inclusive audiovisual desde que garanta a maior fidelidade das informações e a disponibilização da cópia do material ao colaborador.

Por fim, sendo sucedida as negociações, as partes partirão para a fase de formalização do acordo, com a redação do termo de colaboração premiada e encaminhamento do pedido de homologação.

2. Novos critérios durante o juízo de homologação e a obrigatoriedade da audiência com o colaborador

O juiz receberá, sigilosamente o pedido de homologação, que será complementado com todas as informações em até 48 horas, após isso deverá ouvir o colaborador em audiência reservada na qual analisará a validade do acordo. Essa audiência já era prevista na antiga redação do art. 4º, §7º, entretanto a dicção do dispositivo ([...] "será remetido ao juiz para homologação, o qual deverá verificar sua regularidade, legalidade e

CAPÍTULO 3
A NOVA DINÂMICA PROCEDIMENTAL DA COLABORAÇÃO PREMIADA

voluntariedade, *podendo* para este fim, sigilosamente, ouvir o colaborador, na presença de seu defensor." grifo do autor) levava à conclusão de a audiência era uma faculdade do magistrado, que determinaria sua realização a partir de um juízo de conveniência e oportunidade. Nesse sentido, foi de grande valia a alteração promovida pela Lei 13.964 de 2019, pois retirou o termo "poderá"[6], impondo a obrigatoriedade dessa audiência.

A oitiva do colaborar tem especial relevância para analisar a sua voluntariedade (VASCONCELLOS, 2017. p. 182, de modo que não existia justificativa para ela ser um ato processual facultativo.

Ademais, a nova redação do §7º parece concentrar na audiência tanto a oitiva do colaborador como a própria homologação do acordo ("oportunidade em que analisará os seguintes aspectos na homologação"). Se esse for o entendimento acolhido pela *práxis* forense, pensa-se que o melhor seria dividir o ato processual em dois momentos, o primeiro para a oitiva do colaborador e o segundo para a manifestação sobre a homologação em sim. Isto porque, não parece condizente com o objetivo da oitiva que o membro do Ministério Público também esteja presente.

Essa hipótese é amparada pela análise comparativa entre a oitiva do colaborador no procedimento de homologação com o regime jurídico da audiência de custódia. Explica-se, na audiência de custódia, o preso ou acautelado é levado a uma audiência pelo juiz que, para além da análise de pertinência de uma prisão cautelar, busca prevenir a violência e os maus-

---

[6] O dispositivo ficou com a seguinte redação: "§ 7º Realizado o acordo na forma do § 6º deste artigo, serão remetidos ao juiz, para análise, o respectivo termo, as declarações do colaborador e cópia da investigação, devendo o juiz ouvir sigilosamente o colaborador, acompanhado de seu defensor, oportunidade em que analisará os seguintes aspectos na homologação"

tratos policiais que infelizmente ainda são práticas comuns no Brasil. Para isso, o acautelado é ouvido na presença de seu defensor e de membro do Ministério Público, sendo vedada a presença dos agentes policiais responsáveis pela prisão ou pela investigação (art. 4º, parágrafo único, Resolução 213, de 2015, CNJ), pois se assim não fosse o preso ficaria demasiadamente inibido, não se sentindo seguro para relatar eventuais agressões. Transportando esse raciocínio para a colaboração premiada, a oitiva do colaborador tem como finalidade principal averiguar se houve alguma espécie de coerção que comprometa a sua voluntariedade, dessa forma, o potencial gerador dessa coerção também não poderia participar da audiência, seja ele o Ministério Público ou o Delegado de Polícia[7].

É nesse sentido que se recomenda a separação do ato processual, fazendo a primeira parte sem a presença do Ministério Público – a não ser que o signatário do acordo seja o Delegado de Polícia – e a segunda parte com a sua presença para poder se manifestar antes da decisão de homologação. Também pode-se pensar na possibilidade de o *parquet* participar da audiência como um todo, desde que o representante designado não tenha participado das negociações[8], o que não eliminaria a pressão psicológica sobre o colaborador, mas pelo menos a mitigaria.

---

[7] Em sentido contrário, admitindo a presença do Ministério Público: "O juiz ouvirá sigilosamente o colaborador acompanhado de seu defensor. Essa oitiva sigilosa não significa ausência do promotor, mas apenas que a audiência não terá qualquer forma de publicidade" DEZEM, Guilherme Madeira; SOUZA, Luciano Anderson de. **Comentários ao pacote anticrime:** Lei 13.964/2019. 1. Ed. São Paulo: Thomson Reuters Brasil, 2020. p. 214

[8] "Pode-se concluir, então, que o Ministério Público não deve se fazer presente na realização desse ato jurisdicional de oitiva do colaborador. Se for, há flagrante inconstitucionalidade. É que art. da CF prevê que o Ministério é instituição permanente, essencial à função jurisdicional do Estado, incumbindo-lhe a defesa da ordem jurídica, do regime democrático e dos interesses sociais e individuais indisponíveis. Sendo essencial à função jurisdicional do Estado, não se pode admitir que um ato jurisdicional solene, ainda que com natureza de

CAPÍTULO 3
A NOVA DINÂMICA PROCEDIMENTAL DA COLABORAÇÃO PREMIADA

De qualquer forma, o juiz analisará nessa audiência a regularidade e validade do acordo de colaboração na forma do art. 4º, §7º[9]. Nesse momento a jurisprudência tem adota uma postura mais restrita quanto ao que pode ser analisado pelo magistrado, O Supremo tem se utilizado da doutrina do processo civil para delimitar a atuação do magistrado no momento da homologação, de forma que as partes tenham liberdade de tratativa e vedando ao magistrado ingressar nos espaços de proporcionalidade ou de oportunidade, exceto se constatado vício de vontade, corrupção ou inadequação do acordo aos preceitos legais vigentes (BOTTINI, 2017. p. 188).

Discorda-se frontalmente dessa posição, a contenção dos espaços de arbitrariedade gerados pela colaboração premiada só será possível com uma atuação decisiva do Poder Judiciário. Nesse sentido, para além dos requisitos de validade, entende-se que o juízo de homologação também deve incluir pressupostos de admissibilidade (BADARÓ, 2015. p. 455).

---

jurisdição voluntária se realize com vedação a sua presença. Isso não significa dizer que o órgão do Ministério Público que celebrou a colaboração participar dessa audiência, pois daria margens à cogitação de uma eventual interferência quanto à voluntariedade do colaborador, mas perfeitamente possível a designação de outro de seus membros para acompanhar tal ato." CAVALCANTE, André Clark Nunes *et al*. Op. cit. p. 72

[9] § 7º Realizado o acordo na forma do § 6º deste artigo, serão remetidos ao juiz, para análise, o respectivo termo, as declarações do colaborador e cópia da investigação, devendo o juiz ouvir sigilosamente o colaborador, acompanhado de seu defensor, oportunidade em que analisará os seguintes aspectos na homologação: I - regularidade e legalidade; II - adequação dos benefícios pactuados àqueles previstos no **caput** e nos §§ 4º e 5º deste artigo, sendo nulas as cláusulas que violem o critério de definição do regime inicial de cumprimento de pena do art. 33 do Decreto-Lei nº 2.848, de 7 de dezembro de 1940 (Código Penal), as regras de cada um dos regimes previstos no Código Penal e na Lei nº 7.210, de 11 de julho de 1984 (Lei de Execução Penal) e os requisitos de progressão de regime não abrangidos pelo § 5º deste artigo III - adequação dos resultados da colaboração aos resultados mínimos exigidos nos incisos I, II, III, IV e V do **caput** deste artigo; IV - voluntariedade da manifestação de vontade, especialmente nos casos em que o colaborador está ou esteve sob efeito de medidas cautelares.

Esse entendimento é suportado pela inclusão do art. 3º-A, pela Lei 13.964, de 2019 ("O acordo de colaboração premiada é negócio jurídico processual e meio de obtenção de prova, que pressupõe utilidade e interesse públicos."). Claramente a lei buscou estabelecer pressupostos à colaboração premiada e, assim sendo, o magistrado deve estar atento a eles no momento da homologação.

A mudança veio em boa hora e apesar de trazer termos excessivamente abrangentes, possibilitou ao intérprete deduzir critérios concretos para a aferição da utilidade e interesse público. Faz-se a ressalva que antes da alteração legislativa já existia norma interna do Ministério Público Federal, a Orientação Conjunta nº1 de 2018 que assim dispunha:

> 24.3. DEMONSTRAÇAO DO INTERESSE PUBLICO: a) oportunidade do acordo; b) efetividade e utilidade do acordo: relativa à capacidade real de contribuição do colaborador para a investigação, por meio do fornecimento de elementos concretos que possam servir de prova; c) explicitação sobre quantos e quais são os fatos ilícitos e pessoas envolvidas que ainda não sejam de conhecimento do Ministério Público Federal; d) indicação dos meios pelos quais se fará a respectiva prova. (MINISTÉRIO PÚBLICO FEDERAL, 2020)

Propõe uma sistematização desses pressupostos sobre uma nomenclatura diferentes, traduzindo as noções de utilidade e interesse público nos conceitos de emergência investigativa e elementos mínimos de confiabilidade.

A noção de *emergência investigativa* ou *estado de necessidade da investigação* (*Ermittlungstand*) foi desenvolvida na Alemanha, para designar aquelas situações em que o Estado demonstra ser incapaz de combater a criminalidade utilizando os meios tradicionais de prova

CAPÍTULO 3
A NOVA DINÂMICA PROCEDIMENTAL DA COLABORAÇÃO PREMIADA

(PEREIRA, 2016. p. 91). A doutrina da emergência investigativa foi utilizada para justificar a criação de técnicas especiais de investigação ou de novos meios de obtenção de prova. A título de exemplo no ordenamento jurídico nacional pode-se citar a interceptação telefônica, ação controlada, infiltração de agentes e, enfim, a colaboração premiada.

Logo, não é qualquer situação que justifica ao Estado utilizar-se desses meios, em regra, eles serão destinados aos crimes que desafiam a estrutura do sistema penal considerando a complexidade dos crimes e da própria estrutura da organização criminosa, do alto custo de investigações deste tipo, ou a influência que os imputados exercem perante às autoridades públicas. Dessa forma, a utilização desses meios de obtenção de prova à crimes menos graves seria reprovável, causando uma generalização indevida (MENDONÇA, 2013).

O argumento ganha força quando se percebe a criação de um verdadeiro microssistema de justiça criminal negocial após as inovações do Pacote Anticrime. Se antes só existia dois extremos, os instrumentos das Lei dos Juizados Especiais (transação penal e suspensão condicional do processo) e a delação premiada, aplicáveis ou a crimes de menor potencial ofensivo ou a crimes de grande potencial ofensivo. Faltava uma alternativa média e ela veio com o acordo de não-persecução penal (art. 28-A, do CPP), aplicável aos crimes sem violência ou grave ameaça e com pena mínima inferior a 4 anos, isto é, a grande maioria dos crimes constantes no Código Penal. No total, cerca de 70% dos crimes do Código Penal estão abarcados por algum instrumento de justiça criminal negocial, não se justificando a aplicação do mais drástico (colaboração premiada) aos mais leves.

Dito isso, defende-se um viés concreto da emergência investigativa, de modo que não basta que o instituto da colaboração esteja justificado abstratamente, mas no caso concreto, diante uma dificuldade real da investigação criminal. Exemplificando, considere uma investigação sobre crimes relacionados a uma organização criminosa, na qual aparece um dos investigados alegando possuir elementos de informação capazes de auxiliar a persecução penal. Prontamente se iniciam as negociações, mas o pretenso colaborador não apresenta nenhum elemento novo ou relevante à investigação, apenas a sua confissão. Nesse caso, fica patente a falta de emergência investigativa, o que impossibilitaria até a concessão da colaboração premiada unilateral.

Elemento novo é todo aquele que traz ao conhecimento das autoridades algo que não era de seu conhecimento. Já o conhecimento relevante é aquele que contribui para a consecução de um dos resultados possíveis da colaboração segundo o art. 4º, da Lei 12.850, de 2013[10]. É preciso que esteja presente pelo menos a relevância, uma vez que prevista legalmente e porque a informação relevante, mas repetida, ainda assim ajuda o Estado, conferindo confirmação das informações anteriormente

---

[10] Art. 4º O juiz poderá, a requerimento das partes, conceder o perdão judicial, reduzir em até 2/3 (dois terços) a pena privativa de liberdade ou substituí-la por restritiva de direitos daquele que tenha colaborado efetiva e voluntariamente com a investigação e com o processo criminal, desde que dessa colaboração advenha um ou mais dos seguintes resultados:
I - a identificação dos demais coautores e partícipes da organização criminosa e das infrações penais por eles praticadas;
II - a revelação da estrutura hierárquica e da divisão de tarefas da organização criminosa;
III - a prevenção de infrações penais decorrentes das atividades da organização criminosa;
IV - a recuperação total ou parcial do produto ou do proveito das infrações penais praticadas pela organização criminosa;
V - a localização de eventual vítima com a sua integridade física preservada.
(grifo do autor)

CAPÍTULO 3
A NOVA DINÂMICA PROCEDIMENTAL DA COLABORAÇÃO PREMIADA

coletadas. Por outro lado, a informação nova, mas irrelevante, como o nome já diz, não interessa ao Estado.

Sendo assim, a colaboração premiada assume a característica da subsidiariedade (VASCONCELLOS, 2017. p. 124), evitando a sua banalização, guardando sua utilização para os casos em que realmente vale a pena fazer o acusado deixar de exercer algum de seus direitos em prol da investigação criminal.

Já o segundo pressuposto da colaboração é a demonstração de elementos mínimos de coerência interna e corroboração externa. Mais a frente nesse estudo será esmiuçada a necessidade de coerência e corroboração para que a delação seja considerada efetiva e produza efeitos probatórios em relação a terceiros. Trata-se de atividade de cognição completa, já no momento da sentença e impossível na homologação do acordo. Por isso, fala-se em *elementos mínimos* de coerência e corroboração, isto é, *indícios* de confiabilidade intrínseca e extrínseca das declarações do colaborador.

Só seria cabível uma análise definitiva sobre a confiabilidade dos elementos probatórios colhidos após a colaboração efetiva, que, em regra, acontecerá após a homologação do acordo.

Por outro lado, o magistrado não poderá olvidar-se de, perfunctoriamente, analisar a questão fática subjacente à colaboração. Não pode tornar-se colaborador, atuando ao lado das instâncias punitivas, aquele que traz um relato inconsistente ao Judiciário. Sendo assim, sua análise será de verossimilhança sobre os primeiros relatos apresentados pelo colaborador (VASCONCELLOS, 2017. p. 122).

Após a análise desses pressupostos é que seriam analisados os requisitos de validade como voluntariedade, inteligência, boa-fé, objeto lícito, possível e determinado ou determinável, assistência de um defensor técnico e respeito às regra de regime prisional do Código Penal e da lei de execuções penais[11].

Diante disso, o juiz decidirá, ou homologando o acordo e dando início à fase de colaboração efetiva, ou rejeitando-o com a devolução às partes para as adequações necessárias. Essa foi mais uma alteração promovida pelo pacote anticrime, na antiga redação do art. 4º, §8º, o juiz tinha a alternativa de simplesmente recusar o pedido de homologação, restando às partes somente impugnar a decisão judicial. Com a devolução obrigatória há o prestígio à economia processual, além de demonstrar que o sistema está sendo construído para privilegiar a solução negociada.

A devolução deverá estar acompanhada da descrição do que deve ser alterado, indicando os dispositivos do acordo que estão em desconformidade com o ordenamento jurídico. Nesse momento, deverá se ter a devida cautela de não se sobrepor à vontade das partes, sugerindo alterações ou mesmo indicando como deve ser alguma redação(VASCONCELLOS, 2017. p. 189). O papel do magistrado nesse momento é tão somente indicar o que está errado no acordo de colaboração e as razões jurídicas para tanto[12].Por outro lado, o colaborador não está

---

[11] "I - adequação dos benefícios pactuados àqueles previstos no **caput** e nos §§ 4º e 5º deste artigo, sendo nulas as cláusulas que violem o critério de definição do regime inicial de cumprimento de pena do art. 33 do Decreto-Lei nº 2.848, de 7 de dezembro de 1940 (Código Penal), as regras de cada um dos regimes previstos no Código Penal e na Lei nº 7.210, de 11 de julho de 1984 (Lei de Execução Penal) e os requisitos de progressão de regime não abrangidos pelo § 5º deste artigo;   (Incluído pela Lei nº 13.964, de 2019)"

[12] Em sentido contrário admitindo a possibilidade do juiz ampliar o benefício oferecido pelo Ministério Público: COURA, Alexandre C.; BEDÊ JR., Américo. Atuação do juiz no acordo

CAPÍTULO 3
A NOVA DINÂMICA PROCEDIMENTAL DA COLABORAÇÃO PREMIADA

obrigado a aceitar o acordo adequado à decisão judicial, de modo que poderá recusá-lo (BITENCOURT; BUSATO, 2014. p. 133).

Se as partes se recusarem a adequar o acordo, ou falharem na tentativa de adequação, o juiz irá recusar definitivamente o pedido de homologação, só restando aos interessados recorrer ou impugnar tal decisão.

3. A técnica da decisão que concede os benefícios da colaboração

Depois da homologação é que o colaborador passa a, efetivamente, cooperar com a persecução penal, de acordo com as obrigações que foram firmadas no termo de colaboração. Tendo cumprindo com essas obrigações, passa a possuir o direito subjetivo aos prêmios pactuados (VASCONCELLOS, 2017. p. 200), dessa forma, a discricionariedade do juiz resta limitada ao que foi disposto no acordo e já acatado pelo Judiciário quando da homologação.

A única hipótese que justifica ao magistrado conceder benefícios diversos dos pactuados é quando constatar que a colaboração trouxe resultados acima dos esperados, permitindo, nessa hipótese a concessão de benefícios superiores aos constantes no termo de colaboração.

A despeito desse dever de deferência ao que foi homologado, a manifestação judicial deverá estar extensamente fundamentada, não só quanto à efetividade da colaboração, mas quanto a culpabilidade do colaborador. A colaboração não torna o juiz um mero homologador de acordos, de modo que permanece vinculado ao princípio da presunção de

---

de colaboração premiada e a garantia dos direitos fundamentais do acusado no processo penal brasileiro. **Revista dos Tribunais,** São Paulo, ano 105, v. 969, jul. 2016.

inocência e da motivação das decisões. Dessa forma dispõe o novo §7ª-A, do art. 4º, da Lei 12.850 de 2013:

> O juiz ou o tribunal deve proceder à análise fundamentada do mérito da denúncia, do perdão judicial e das primeiras etapas de aplicação da pena, nos termos do Decreto-Lei nº 2.848, de 7 de dezembro de 1940 (Código Penal) e do Decreto-Lei nº 3.689, de 3 de outubro de 1941 (Código de Processo Penal), antes de conceder os benefícios pactuados, exceto quando o acordo prever o não oferecimento da denúncia na forma dos §§ 4º e 4º-A deste artigo ou já tiver sido proferida sentença.

A previsão de análise do mérito da denúncia, demonstra que o juiz continua a ter que demonstrar a culpabilidade do acusado na sentença condenatória, calcando a sua conclusão em outras provas que não sejam a própria colaboração.

Além disso, o dispositivo traz a novidade da análise da dosimetria da pena, *antes* de substituí-la pela pena em concreto firmada no acordo. Walter Nunes da Silva Júnior já defendia esse posicionamento antes da alteração normativa, com o adendo de que caso ocorra o descumprimento de qualquer cláusula do acordo a pena seria reconvertida para a definida na sentença (SILVA JÚNIOR, 2015. p. 544).

Se essa for a conduta adotada pelos magistrados perde, em parte, a necessidade de suspensão do processo e do prazo prescricional. Considerando que a decisão que concede os benefícios contenha essa cláusula resolutiva, a acusação ainda estaria segura de que o colaborador continuaria a colaborar, assim como o colaborador seria beneficiado, especialmente se estiver preso cautelarmente, pois iniciaria mais rapidamente o cumprimento de pena.

CAPÍTULO 3
A NOVA DINÂMICA PROCEDIMENTAL DA COLABORAÇÃO PREMIADA

A parte mais substancial da colaboração consiste na entrega de documentos, indicação de testemunhas e em *um* relato do colaborador. Obviamente esse relato deverá ser repetido nos processos em que for arrolado como testemunha, mas na prática ele basicamente irá repetir o que já falou na primeira declaração, que poderá ocorrer durante o seu interrogatório. Nesse sentido, se constatado que colaborou substancialmente já poderia se dizer que houve o cumprimento do acordo, permanecendo o dever de comparecer em juízo, da mesma forma que dispõe o art. 4º, §12, da Lei 12.850, de 2013, em relação às hipóteses de perdão judicial e de não oferecimento da denúncia.

Aliás, é preciso destacar que essa sistemática não será possível quando os benefícios de o acordo consistirem no perdão judicial ou no não oferecimento da denúncia. No primeiro caso, por si tratar de causa de exclusão da punibilidade, a sentença será absolutória e dotada da imutabilidade da coisa julgada. Nessa hipótese, em virtude da impossibilidade da inclusão da cláusula resolutiva e da abrangência do benefício, se justifica eventual suspensão do processo e do prazo prescricional.

Assim também ocorre quando se fala do não oferecimento da denúncia, pelo fato de que nem processo judicial em desfavor do colaborador irá existir. Nesse sentido, o pedido de homologação deverá ocorrer mediante incidente processual, análogo ao pedido de arquivamento do inquérito. Por óbvio, a concessão do prêmio não poderá ocorrer por sentença, no que se argumenta para que sua eficácia seja a mesma da decisão de arquivamento do inquérito[13], de modo a conferir maior segurança jurídica ao ajuste negocial.

Outras situações em que a técnica de decisão do §7ª-A, do art. 4º, da Lei 12.850 de 2013 também não poderá ser usada é quando a colaboração for firmada após a sentença ou durante a execução penal, quando o procedimento de colaboração ocorrerá como um incidente processual e assim que finalizada a colaboração efetiva o juiz deve conceder os benefícios, especialmente quando o agente estiver preso.

Considerações finais

A Lei 12.850, de 2013 foi um marco para o sistema penal brasileiro, com ela foi previsto o primeiro acordo penal que poderia resultar em uma pena privativa de liberdade. Se, por um lado, a iniciativa de criar um procedimento legal para a colaboração/delação premiada é louvável, por impedir que esses negócios jurídicos ocorram de maneira informal, além de conferir maior segurança para a partes. Por outro, o próprio fato dessa ser uma experiência nova no ordenamento jurídico brasileiro leva a que o texto legal esteja repleto de lacunas, que vão sendo suplantadas pela própria prática negocial, muitas vezes de maneira atabalhoada.

Nesse sentido, a Lei 13.964, de 2019 foi um grande avanço para a evolução da colaboração premiada no Brasil. Além de outras alterações, ela complementa e inova em três das quatro fases da colaboração premiada

---

[13] Em sentido próximo, defendendo que a decisão de homologação que terá essa natureza. JARDIM, Afrânio da Silva. Coletânea sobre colaboração premiada do professor Afrânio da Silva Jardim. In: GOMES, Luiz Flávio; SILVA, Marcelo Rodrigues da; MANDARINO, Renan Posella.(Orgs). **Colaboração premiada:** novas perspectivas para o sistema jurídico-penal. Belo Horizonte: Editora D'Plácido, 2018 p.50

CAPÍTULO 3
A NOVA DINÂMICA PROCEDIMENTAL DA COLABORAÇÃO PREMIADA

(negociação, homologação, colaboração efetiva e decisão que concede os benefícios ou sentença).

A negociação era a parte mais negligenciada pela redação original da Lei 12.850 de 2013, que praticamente não destinou nenhum dispositivo à sua regulamentação. Agora, pode-se dizer que há um verdadeiro procedimento de negociação, iniciado com a proposta formal de colaboração, passando pela discussão dos termos e formulação dos anexos até, enfim, chegar na redação do termo de colaboração que será levado ao juízo para homologação.

A homologação, por sua vez, agora conta com a etapa essencial da audiência sigilosa com o colaborador, em vistas de aferir a sua voluntariedade. Também nessa audiência deverá ser feita a homologação do acordo, prezando pelo princípio da oralidade, característica histórica do sistema acusatório. Dela não participará nenhum dos membros do Ministério Público que porventura participaram das negociações para assegurar que o colaborador não seja coagido no momento da audiência. Além disso, o julgador passa a ter que analisar os pressupostos da utilidade e interesse públicos – traduzidos nos conceitos de emergência investigativa e indícios de confiabilidade – para poder homologar o acordo, estando superado o posicionamento que limitava a sua análise a requisitos formais.

Por fim, deixou-se explícito que a sentença continua analisando o mérito da acusação, devendo fundamentar extensamente a culpabilidade do acusado e a dosimetria da pena, estabelecendo qual seria a pena imposta ao colaborador caso ele não tivesse firmado um acordo com a acusação. Isso servirá para que quando houver o descumprimento do acordo, ele possa ser rescindido e aplicada a pena contida na sentença e que fora substituída pela pena da colaboração.

Essas novidades demonstram que realmente houve uma evolução na normativa da colaboração, tanto no sentido de dar maior segurança jurídica para as partes, quanto a adequar o instituto a uma concepção democrática de processo penal. Contudo, também traz novos questionamentos e incerteza, de modo que a colaboração ainda não é um instituto perfeito e acabado, mas que está em constante evolução.

Bibliografia

BADARÓ, Gustavo Henrique. **Processo penal.** 3. ed. São Paulo: Editora Revista dos Tribunais, 2015.

BITTAR, Walter Barbosa. Delação Premiada no Brasil e na Itália: Uma análise comparativa. **Revista Brasileira de Ciências Criminais.** v. 88. p. 225-269. jan. – fev. /2011

BOTTINI, Pierpaolo Cruz. A homologação e a sentença na colaboração premiada In: BOTTINI, Pierpaolo Cruz; Moura, Maria Thereza de Assis (Coord.). **Colaboração Premiada.** São Paulo: Editora Revista dos Tribunais, 2017

BRASIL. Supremo Tribunal Federal. **Ação direta de inconstitucionalidade nº 5.508.** Relator: Min. Marco Aurélio, Data de julgamento: 25/06/2018.

BITENCOURT, Cezar Roberto; BUSATO, Paulo César. **Comentários à Lei de Organização Criminosa:** Lei n. 12.850/2013. São Paulo, 2014

CALLEGARI, André Luís. LINHARES, Raul Marques. **Colaboração premiada:** lições práticas e teóricas de acordo com a jurisprudência do Supremo Tribunal Federal. Porto Alegre: Livraria do Advogado, 2019

CAPÍTULO 3
A NOVA DINÂMICA PROCEDIMENTAL DA COLABORAÇÃO PREMIADA

CAVALCANTE, André Clark Nunes et al. **Lei anticrime comentada.** Leme/SP: JHMizuno, 2020.

_____; SOUZA, Luciano Anderson de. **Comentários ao pacote anticrime:** Lei 13.964/2019. 1. Ed. São Paulo: Thomson Reuters Brasil, 2020.

COURA, Alexandre C.; BEDÊ JR., Américo. Atuação do juiz no acordo de colaboração premiada e a garantia dos direitos fundamentais do acusado no processo penal brasileiro. **Revista dos Tribunais,** São Paulo, ano 105, v. 969, jul. 2016.

DEZEM, Guilherme Madeira. **Curso de processo penal.** 6. ed. rev., atual. e ampl. São Paulo: Thomson Reuters Brasil, 2020

DIPP, Gilson. **A "delação" ou colaboração premiada:** uma análise do instituto pela interpretação da lei. Brasília: IDP, 2015.

FONSECA, Cibele Benevides Guedes. **Colaboração premiada.** Belo Horizonte: Del Rey, 2017.

JARDIM, Afrânio da Silva. Coletânea sobre colaboração premiada do professor Afrânio da Silva Jardim. In: GOMES, Luiz Flávio; SILVA, Marcelo Rodrigues da; MANDARINO, Renan Posella.(Orgs). **Colaboração premiada:** novas perspectivas para o sistema jurídico-penal. Belo Horizonte: Editora D'Plácido, 2018

MASSON, Cléber. **Direito penal:** parte geral. 12 ed., rev., atual. e ampl. Rio de Janeiro: Forense, 2018.

MENDONÇA, Andrey Borges de. A colaboração premiada e a nova Lei do Crime Organizado (Lei 12.850/13). **Revista Custos Legis.** v.4. 2013.

MINISTÉRIO PÚBLICO FEDERAL. **Orientação conjunta nº1/2018:** acordos de colaboração premiada. Disponível em: < http://www.mpf.mp.br/atuacao-tematica/ccr5/orientacoes/orientacao-conjunta-no-1-2018.pdf/view >. Acesso em: 27 jul. 2020.

PEREIRA, Frederico Valdez. **Delação Premiada:** Legitimidade e procedimento. 3. ed. Curitiba: Juruá, 2016.

_____.Módulo II: Colaboração Premiada. **Curso de Reforma do Processo Penal.** Brasília: Conselho da Justiça Federal – Centro de Estudos Judiciários, 2020.

ROSA, Alexandre Morais da. **Para entender a delação premiada pela teoria dos jogos:** táticas e estratégias do negócio jurídico. Florianópolis: EModara, 2018.

SANTOS, Marcos Paulo Dutra. Colaboração unilateral premiada como consectário lógico das balizas constitucionais do devido processo legal brasileiro. **Revista Brasileira de Direito Processual Penal**, v. 3, n. 1, p. 131-166, 2017

SILVA JÚNIOR, Walter Nunes da. **Curso de direito processual penal**: teoria (constitucional) do processo penal. 2. ed. rev. ampl. Natal: OWL, 2015.

VASCONCELLOS, Vinicius Gomes de. **Colaboração premiada no processo penal.** 1. ed. São Paulo: Editora Revista dos Tribunais, 2017.

CAPÍTULO 4

A cadeia de custódia da prova e sua (in)eficiência diante da desvalorização da forma processual

Gabriel Lucas Moura de Souza[1]

Natália Galvão da Cunha Lima Freire[2]

A reforma legislativa promovida pela lei 13.964/19, alcunhada de Pacote Anticrime, é permeada de novos institutos que buscam, ora por um caminho de aproximação constitucional, ora por meio do recrudescimento punitivo, enfrentar os gargalos do sistema de justiça criminal. Invariavelmente, essa missão de modificar a legislação penal esbarra em

---

[1] Graduado em Direito pela Universidade Federal do Rio Grande do Norte (UFRN). Pós-graduado em Direito Processual Penal. Professor Universitário (graduação e pós-graduação) Pesquisador voluntário nos grupos "Para além das escolhas de determinação judicial de pena: entre o dogmático e o empírico", "Criminalidade violenta e diretrizer para uma política de segurança pública no Estado do Rio Grande do Norte" e "Direito Criminal como corpo normativo constitutivo do sistema de proteção dos direitos e garantias fundamentais, nas perspectivas subjetiva e objetiva", todos vinculados à Universidade Federal do Rio Grande do Norte (UFRN). Advogado criminalista.

[2] Graduada em Direito pela Universidade Federal do Rio Grande do Norte (UFRN), com extensão em Direito Penal Econômico pela Escola Paulista da Magistratura (EPM). Pós-graduanda em Direito Penal e Processual Penal pela Academia Brasileira de Direito Constitucional (ABDConst). Pesquisadora voluntária nos grupos "Para além das escolhas de determinação judicial de pena: entre o dogmático e o empírico", "Criminalidade violenta e diretrizer para uma política de segurança pública no Estado do Rio Grande do Norte" e "Direito Criminal como corpo normativo constitutivo do sistema de proteção dos direitos e garantias fundamentais, nas perspectivas subjetiva e objetiva", todos vinculados à Universidade Federal do Rio Grande do Norte (UFRN). Advogada criminalista do Escritório de Advocacia Professor Diógenes da Cunha Lima.

CAPÍTULO 4
A CADEIA DE CUSTÓDIA DA PROVA E SUA (IN)EFICIÊNCIA DIANTE DA DESVALORIZAÇÃO DA FORMA PROCESSUAL

inúmeros obstáculos, que vão desde a repercussão social, passando pela cultura autoritária enraizada e desaguando no simbolismo penal de todos conhecido.

Especificamente no que toca ao presente capítulo, a supramencionada reforma é responsável por positivar no Código de Processo Penal o regime jurídico da cadeia de custódia das provas, tema que, se só agora veio a figurar expressamente no referencial normativo, já era por demais debatido no âmbito doutrinário e jurisprudencial.

Diante desta alvissareira previsão, cumpre à comunidade jurídica realizar o devido constrangimento epistêmico do assunto, e a forma escolhida no presente capítulo volta os olhos para a análise da cadeia de custódia da memória, mais especificamente quanto ao disposto no art. 226, CPP. É que o reconhecimento de pessoas e coisas, meio de prova previsto no Código Processual desde sua redação originária, é um embrião da cadeia de custódia. Analisar como esse embrião vem sendo tratado é antecipar, e bem por isso buscar evitar, as dificuldades que o novel instituto da cadeia de custódia da prova enfrentará na prática processual penal brasileira.

Este escrito parte das bases do Processo Penal, demarcando sua instrumentalidade constitucional, para reafirmar a importância protetiva das formas processuais. Dialoga-se com o regime de nulidades processuais para reforçar a necessidade de uma Teoria do Processo que entenda sua função limitadora do poder punitivo e que faça de cada ato um ato de redução de danos.

Ruma-se para a discussão do direito à prova, e sua simbiótica relação com o devido Processo Penal. Destaca-se, então, a cadeia de custódia da prova como mais um elemento de contenção do arbítrio estatal, especificamente na atividade probatória, que passa a contar com minudentes exigências formais, visando garantir a credibilidade daquilo produzido. Chega-se à custódia da memória, analisando de que forma o art. 226, CPP vem sendo tratado pela jurisprudência pátria. A partir do recurso à genealogia das ideias fundantes do Código de Processo Penal, notadamente de seu artífice Francisco Campos, revela-se que um código nascido autoritário conseguiu, nesse ponto específico, progredir no autoritarismo que desrespeita as formas processuais e não reconhece o seu caráter protetivo de direitos fundamentais.

Nesse contexto, denuncia-se o passado para que a vindoura aplicação da cadeia de custódia da prova não tenha o mesmo infeliz destino do reconhecimento de pessoas e coisas.

1. A forma processual como instrumento de garantia dos direitos fundamentais

Tal qual reconhece Flávio Cardoso Pereira (2013, p. 54), à primeira, vista a reflexão acerca da finalidade do processo pode parecer preciosismo acadêmico, sem impactos concretos no cotidiano, verificado em delegacias, fóruns e tribunais. Ledo engano. Em verdade, só é possível estabelecer as balizas interpretativas do Processo Penal, e, com isso, construir o caminho epistemológico para sua aplicação mais ou menos aproximada da Constituição, quando restar claro o paradigma de Processo Penal almejado.

Essa análise, voltando os olhos do leitor para o fundamento do Processo Penal, é ainda mais cogente diante das chamadas reformas tópicas do Processo Penal. É que o arroubo do legislador, assodado pelo imediatismo pós-moderno e pelo populismo penal midiático que permeia o

CAPÍTULO 4
A CADEIA DE CUSTÓDIA DA PROVA E SUA (IN)EFICIÊNCIA DIANTE DA DESVALORIZAÇÃO DA FORMA PROCESSUAL

direito brasileiro há algum tempo, gera constante força de recrudescimento das garantias e direitos fundamentais. Em suma, a prática do Direito Processual Penal e, ainda mais, as reformas legislativas em matéria criminal, precisam passar por constante contrangimento epistêmico, pois só assim haverá força com vetor contrário à expansão desmedida das políticas punitivas.

1.1 As raízes do processo: garantia e controle do poder punitivo

Dentro da processualística brasileira, a literatura tradicional sempre apresentou resposta tranquila para as indagações acerca da finalidade do Processo Penal, demonstrando que a história do pensamento processual penal pátrio foi – e é - atraída por ideais de autoritarismo. Defendeu-se, durante muito tempo, a concepção do processo como ordenamento adjetivo, servindo aos fins do Direito Penal, como extrai-se do exemplo histórico de Inocêncio Borges da Rosa (1935, p. 54), para quem "o interesse fundamental que determina o Processo Penal é o de aplicar a pena ao delinquente".

Vê-se na sobredita doutrina que o processo assume uma postura de instrumento do Direito Penal, dado que aplicar pena é nada mais que fazer atuar o preceito secundário da normal penal "substantiva". Dentro dessa premissa, o processo seria mais uma ferramenta à disposição do Estado contra o cidadão.

Ocorre que, a partir da dimensão política do Processo Penal, entendê-lo como reles motor da punição é dizê-lo inútil, uma vez que ontologicamente o poder de punir é próprio do Estado, que tem soberano domínio sobre seus súditos e, por isso, desnecessita provar seu direito (de punir) mediante um processo[3].

Na atual quadra histórica, porém, há pouco espaço para a defesa dessa vassalagem do Processo Penal diante do Direito Penal. Seja em razão do amadurecimento da ciência processual penal, ou mesmo por uma democratização (lenta) da área, de fato os discursos que envolvem essa temática se distanciaram da ideia de processo como mero instrumento concretizador do dito direito substantivo, isto é, do Direito Penal.

Alcançou-se, enfim, a autonomia científica do Processo Penal, e isso muito em razão dos trabalhos alvissareiros da chamada Escola Paulista de Processo, cuja fonte se encontra nas Arcadas do Largos de São Francisco, como também é conhecida a Faculdade de Direito da Universidade de São Paulo. Arauto do pensamento processual brasileiro, Cândido Rangel Dinamarco – grande nome da supracitada Escola Paulista de Proceso - traçou substanciosas linhas sobre a *instrumentalidade processual*, tornando-se fonte teórica com grande adesão na doutrina pátria.

A ideia esposada pelo mencionado professor paulista, em que pese vislumbre alcançar todo o direito processual, não encontra adequação ao modelo de Processo Penal alinhado com a Constituição. Em verdade, adequa-se ao processo civil e peca, dentre outros aspectos, por se apoiar no paradigma da teoria geral do processo[4].

---

[3] De igual forma já se perguntava James Goldschmidt: "Por que supõe a imposição da pena a existência de um processo? Se o *ius puniendi* corresponde ao Estado, que tem o poder soberano sobre seus súditos, que acusa e também julga por meio de distintos órgãos, pergunta-se: por que necessita que prove seu direito em um processo?" (GOLDSCHMIDT, 1935. P. 7)
[4] Comentando a envergadura da Escola Paulista de Processo, Ada Pellegrini Grinover afirma que "no Brasil, a nova escola processual de São Paulo concilia e funde as duas tendências, aglutinando processualistas civis e penais, a partir de uma teoria geral praticamente

CAPÍTULO 4
A CADEIA DE CUSTÓDIA DA PROVA E SUA (IN)EFICIÊNCIA DIANTE DA DESVALORIZAÇÃO DA FORMA PROCESSUAL

Conforme salienta Gloeckner (2015, p. 40), o pensamento processualístico brasileiro – fortemente influenciado por Dinamarco – concebe a ideia de instrumentalidade com um "nítido caráter ético-político", o que ataca um postulado básico do Processo Penal moderno, qual seja, a ideia de limitação do poder estatal. Dinamarco critica, ainda, a excessiva prevalência do princípio dispositivo no seio do processo, o que estaria desconforme com o que ele chamou de Estado intervencionista. Inversamente, no âmbito criminal, a lógica do sistema acusatório, realçada pela lei 13.964/19, suprime cada vez mais atuações *ex officio*, afastando intervencionismo judicial e aproximando-se ainda mais do princípio dispositivo.

Nesse mesmo sentido, demonstrando que o processo defendido nos escritos de Dinamarco não se aplica ao Processo Penal, observa-se o culto a um juiz que "criará modos de tratar a prova, de colher a instrução ou de sentir as pretensões das partes: interrogá-las-á livremente (...) visitará o local dos fatos (...) e tudo sem as formas sacramentais do processo tradicional". Esse arquétipo de julgador em nada combina com as diretrizes acusatórias.

Chega-se, portanto, à parcial conclusão de que o Processo Penal não deve ser pensado como instrumento de aplicação do Direito Penal (visão inadequada diante de sua autonomia científica), nem a partir da instrumentalidade das formas (que de distancia do modelo acusatório

---

construída nesta Casa. É a essa nova Escola que Candido Rangel Dinamarco e Antonio Carlos de Araújo Cintra trazem agora, como professores titulares, a contribuição notável de seus talentos.". E continua, dizendo que "foi entorno dessa unidade de pensamento que aqui se iniciou o movimento científico de renovação do direito processual, o qual se espraiaria depois para todos os Rincões do Brasil" (GRINOVER, 1990, p. 448-449)

imposto pela constituição e positivado no Código de Processo Penal pela recente reforma de 2019).

Como resposta às sobreditas premissas excludentes, que apontam aquilo a ser evitado quando se busca uma compreensão moderna de Processo Penal, aparece a ideia de instrumentalidade constitucional, tendente a alinhar as bases teóricas do Processo Penal ao paradigma constitucional, realçando sobremaneira a proteção dos direitos fundamentais.

O recorte do presente escrito se afasta daquilo que Casara e Melchior (2013, p. 235) chamaram de perspectiva utilitarista e caminha ao encontro de uma "perspectiva garantista" ou de instrumentalidade constitucional (LOPES JÚNIOR, 2015, p. 64). Isso significa o abandono da visão do Processo Penal como meio de se alcançar a punição, ao passo que há um alinhamento do raciocínio aqui exposto com a compreensão do Processo Penal enquanto instrumento de contenção do poder punitivo e de redução de danos.

Somente com a valorização prática da Constituição, a partir da realização cotidiana de suas garantias que se dá justamente através da instrumentalidade constitucional aqui defendida, é que se poderá superar o arcabouço retrogrado do Processo Penal. A instrumentalidade constitucional é veículo para concretizar aquilo que Walter Nunes (2012, p. 48) perspicazmente afirma: o código de Processo Penal foi reescrito em 1988[5]

---

[5] Entende o professor que "mesmo em relação aos dispositivos que, por não terem sido objeto de alteração, permanecem com a sua redação originária, o Código deve ser enxergado sob uma nova perspectiva, a democrática, perquirida, principalmente, com a compreensão dos valores que alicerçam os direitos fundamentais". E arremata, dizendo que "o Código de

CAPÍTULO 4
A CADEIA DE CUSTÓDIA DA PROVA E SUA (IN)EFICIÊNCIA DIANTE DA DESVALORIZAÇÃO DA FORMA PROCESSUAL

2.2 De garantia para mera recomendação: a derrocada do papel protetivo do Processo Penal através da relativização das nulidades

Dentro da perspectiva do Processo Penal legitimado por uma instrumentalidade constitucional, a forma dos atos processuais ganha realce diferenciado[6]. Se através das lentes policialescas a forma serviria às pretensões eminentemente punitivas do Estado, quando compreendida em harmonia com um Processo Penal democrático, a forma pela qual o processo se desenvolve passa a atuar como materialização da concepção abstrata de contenção do poder punitivo, que ontologicamente tende a ser arbitrário e antidemocrático[7]. A forma é, portanto, o escudo protetor contra a arbitrariedade (GLOECKNER, 2015, p. 35).

Para que o processo realize-se a partir da defendida instrumentalidade constitucional, ele deve ser estruturado como um encadeamento de atos individualmente garantidores. O Processo Penal, que é o todo, somente exercerá uma instrumentalidade constitucional quando for constituído por atos (partes) servientes a este fim garantidor de direitos fundamentais. Tudo isso, portanto, deve ser refletido na sua ritualística, nos atos que o compõem e, consequentemente, nas formas mantidas por tais atos.

Processo Penal, portanto, precisa ser revisitado sob as lentes de um ordenamento jurídico democrático efetivamente inaugurado com base na Constituição de 1988 (...)". (SILVA JÚNIOR, 2012, p. 49)

[6] À guisa de conceituação, o termo "forma" é aqui tratado se identifica com as características sensíveis externalizadas por cada ato que compõe o procedimento. É, na didática lição de Carlos Alberto Álvaro de Oliveira, o invólucro que envolve o ato (OLIVEIRA, 1996, p. 3).

[7] Como afirma Schmidt "todo manejo del poder envuelve la possibilidade de abusos" (SCHIMIDT, 2006, p. 26.)

Inegavelmente, a partir da centralização do poder nas mãos do Estado e a consequente institucionalização dos conflitos criminais, com a contribuição essencial da legalidade dos crimes e dos castigos, alcançou-se uma maior segurança em virtude da previsibilidade de incidência do poder punitivo. Mas isto não basta(va).

De fato, a formalização do Direito Penal foi importante para conter a anarquia punitiva, a barbárie e a insegurança a que todos estavam submetidos. Esse passo civilizatório, entretanto, foi apenas o primeiro. Após estabelecida a centralização do poder, persistiu o receio de os indivíduos verem-se esmagados pelo uso da força estatal, sendo necessário seguir no caminhar evolutivo rumo à contenção do arbítrio punitivo, agora não mais regrando o que punir e com que punição, mas sim estabelecendo os esquadros limitadores da atividade persecutória.

Essa reafirmação da legalidade para o âmbito processual se torna ainda mais evidente a partir da compreensão de que a persecução penal, mais que um mero procedimento de averiguação objetiva da culpa ou inocência do indivíduo, constitui, no plano prático, uma involuntária antecipação da punição, notadamente em virtude do caráter vexatório e simbolicamente violento que impõe ao polo passivo do caso penal. Como ensina Afrânio Silva Jardim (2014, p. 356), a realidade evidencia que, unicamente por ter sido instaurado, o Processo Penal já atinge o chamado *status dignitatis* do acusado.

CAPÍTULO 4
A CADEIA DE CUSTÓDIA DA PROVA E SUA (IN)EFICIÊNCIA DIANTE DA DESVALORIZAÇÃO DA FORMA PROCESSUAL

A inserção do Processo Penal na era dromológica[8], cada vez mais imediatista, aviva que o respeito às formas procesusais funcoinam como elemento de contenção dessa hiperaceleração, garantindo uma maturação minimamente razoável da persecução penal[9]. Para além da contenção do poder punitivo, na presente ocasião histórica o formalismo se impõe contra o tempo nadificado, impedindo juízos de culpa cada vez mais sumários.

Nota-se, com isso, que longe de constituir um problema, o formalismo serve – quando bem empregado – a valores essenciais ao bom funcionamento do modelo democrático de justiça criminal, seja na contenção do arbítrio; na delimitação das posições subjetivas do processo ou mesmo no controle da ânsia punitiva de nossa sociedade imediatista.

Se a forma é garantia, o regime de nulidade é a garantia da garantia, pois sanciona a prática irregular (que não obedece à instrumentalidade constitucional do Processo Penal) de atos processuais. A forma, sem a sanção advinda de sua desobediência, é mera recomendação normativa; conselho legislativo; sugestão positivada. Como um castelo de cartas, a ruína do regime de nulidades no Processo Penal gera, consequentemente, a ruína das formas e, à reboque, do conteúdo garantidor do Processo Penal.

---

[8] Como acentua Jacobsen, no processo penal atual, a exemplo do que ocorre em outros setores da sociedade, a espera é deixada de lado. Em seu lugar se reproduzem a impaciência e antecipação. (GLOECKNER, 2015. p. 197).

[9] Dentre outros aspectos, a maturação numa persecução penal é essencial para dirimir os riscos do reinado absoluto da evidência, conceitualmente delineada por Rui Cunha Martins como "simulacro de autorreferencialidade, pretensão de uma justificação centrada em si mesmo, a evidência corresponde a uma satisfação demasiado rápida perante indicadores de mera plausibilidade. De alguma maneira, a evidência instaura um desamor do contraditório.". E prossegue o autor Lusitano ao dizer que é possível constranger a evidência, o que ocorre por meio da prova, da convicção e principalmente do próprio processo. (MARTINS, 2013, p. 2-3).

O que é garantia de direitos fundamentais torna-se conselho, e, como todo conselho, segue quem quer e quando quer. Não há cogência em meras recomendações.

É nesse contexto que se insere o fenômeno da relativização das nulidades, denunciado por parcela da literatura jurídica, notadamente aquela mais alinhada com o pensamento crítico do Processo Penal. O que antes era absoluto, pode até ser mantido como absoluto em nomenclatura, mas os efeitos de tal conceituação agora inexistem: a demonstração do prejuízo é essencial para o reconhecimento de toda e qualquer nulidade, e as absolutas findam se igualando às relativas. É um fenômeno típico de uma postura mais alinhada com a instrumentalidade utilitarista do Processo Penal, que tende a exercer uma força centrípeta sobre as formas processuais, diminuindo sua importância, relativizando-a.

Portanto, toda e qualquer reforma legislativa que vise incrementar o Processo Penal de formas com conteúdo garantidor (reanálise da decisão que decreta prisões processuais, cadeia de custódia de prova, dever de fundamentação, etc.) precisa, por questão sistêmica, superar o desvalor que a doutrina e jurisprudência majoritárias vem dando à teoria das nulidades.

Qualquer novidade que estabeleça novas balizas para os atos processuais precisa ser lida com olhos críticos e desconfiados. A positivação de paradigmas relativos à cadeia de custódia da prova configura inovação com jaez protetivo, como será melhor aprofundado adiante, mas é preciso, de antemão, blindar esse arcabouço de regras do fenômeno *relativizador*[10]

---

[10] O poder punitivo exerce uma força centrípeta frente às formas garantidoras dos direitos fundamentais, de modo que é natural a existência da tensão entre garantias fundamentais e punitivismo. Não à toa em momentos históricos de fôlego punitivo ocorra fortes relativizações da forma, à exemplo do que tem ocorrido com as 10 propostas do MPF, dentre

das formas processuais provocado verificável no direito prátrio, que retira o conteúdo de proteção das normas, transformando-as em meros comandos facultativos, apenas recomendatórios.

2. A cadeia de custódia da prova como esmiuçamento da proteção do devido processo legal

Como um primeiro momento da atividade probatória, a relevância da informação deve ser analisada conjuntamente - e sem preponderância - à admissibilidade desta mesma prova.

Isso porque, com este último critério, privilegiam-se valores constitucionais caros ao processo, que não devem ceder em nome de uma pretensa busca da verdade.

Nesse sentido, de acordo com as lições de Ferrer Beltran, os elementos de convencimento que devem ser levados em consideração se formam, tão somente, pelas provas que sejam levadas e admitidas no processo (FERRER BELTRAN, 2017, p.155).

Em decorrência disso, se dá relevância ao estudo e compreensão dos filtros impostos a essa admissibilidade probatória, o que inclui, conforme se demonstrará adiante, a própria cadeia de custódia.

Importa destacar, nos termos que delineou Janaína Matida, que essa admissibilidade não corresponde a uma regra epistemológica. Trata-se de uma escolha política, realizada pelo legislador, *"consciente do custo*

---

as quais destaca-se a ampliação de marcos de preclusão para a arguição de nulidades e a relativização da proibição das provas obtidas por meios ilícitos, a restrição ao uso de habeas corpus e a positivação da execução da pena após condenação em segundo grau de jurisdição.

epistemológico dessas regras de exclusão e a necessidade de se implementar os outros fins do processo". É, portanto, uma "*junção de duas espécies de preocupações, epistemológicas e políticas*" (MATIDA, 2009, p. 55).

Interpretar uma "liberdade de provas" no Processo Penal, para que coadune com os princípios do devido processo legal, deve considerar sua existência quanto à não sujeição a qualquer norma que determine, previamente, seu resultado, mas não implica em uma valoração apartada de suportes empíricos e de critérios de racionalidade.

Assim sendo, a simples previsão dos meios de prova, no Código de Processo Penal brasileiro, não basta para configurar sua legitimidade. Esta se dará, precisamente, na análise de suas condições e obediência aos preceitos instituídos, etapa prévia à valoração (TAVARES; CASARA, 2020, p.27).

É do susodito que partirá uma análise da cadeia de custódia como consequência necessária de uma proteção Estatal, atenta à legalidade estrita e a aos mais basilares princípios processuais, e voltada a garantir, minimamente, a fiabilidade da prova.

Analisar sua integridade é ponto determinante para afirmar a legitimidade da produção probatória e, por consequência, sua admissibilidade no jogo processual.

E é desta noção prévia que parte o presente capítulo.

CAPÍTULO 4
A CADEIA DE CUSTÓDIA DA PROVA E SUA (IN)EFICIÊNCIA DIANTE DA DESVALORIZAÇÃO DA FORMA PROCESSUAL

2.1 Breves apontamentos sobre a evolução da teoria da prova e do devido processo legal

Remonta às invasões bárbaras, conforme asseveram TAVARES e CASARA, o uso de ordálios como meio de solução das controvérsias. Tratava-se, em síntese, de uma crida intervenção divina, que se manifestava das mais diversas formas, para atingir-se a "verdade" e pôr fim à disputa judicial. Caberia a Deus indicar a parte vencedora.

Esta compreensão integrava um contexto em que o Direito se fundava na palavra, na moral, e em difundida fé religiosa.

As transformações sociais, especialmente econômicas, com a expansão do comércio e consequente surgimento dos burgos, levaram, pouco a pouco, à substituição das revelações divinas pela conduta humana, na busca da verdade dos fatos.

Diversos caminhos foram adotados, após essa mudança, até lograr-se o modelo hoje conhecido, que concebe o procedimento judicial como um método, tendo como uma de suas finalidades "a verdade de uma hipótese histórica, a validade da afirmação de um acontecimento naturalístico" (TAVARES; CASARA, 2020, p.47).

De um modo ou de outro, importa para este artigo, diante da limitação temática, evidenciar o lugar central ocupado pela prova na distinção entre o sistema inquisitório e o sistema acusatório, razão pela qual seu estudo acompanha, invariavelmente, uma análise histórico-social.

É que, no sistema processual inquisitório, nos termos expostos por COUTINHO, o réu é tomado como detentor de uma verdade que deve ser extraída, transformando-se, ele mesmo, no objeto de investigação (COUTINHO, 2009, p.105).

Com base na filosofia aristotélica, as decisões eram, assim, preordenadas, e conferia-se validade aos mais diversos métodos de perquirição, dado que o processo se forjava na ideia de descoberta da verdade, de que estaria encarregado o juiz.

Nessa estrutura, onde tem-se o primado das hipóteses sobre os fatos, a confissão adquire especial importância.

No sistema acusatório, por sua vez, tendo como grande marco histórico o *Trial by Jury*, as regras processuais eram ditadas pelo rei, que não intervinha no julgamento. Nos debates entre acusação e defesa se constituiria a prova, pautando-se a decisão no que as partes aportavam ao processo. (COUTINHO, 2009, p. 107).

O lugar demarcado para as partes sinaliza, portanto, a opção por um ou outro sistema, mas é a gestão da prova que se apresenta como critério de definição.

Por esse sucedido, os poderes atribuídos ao magistrado, no que se refere à dinâmica probatória, quando amplos, sinalizam para o decisionismo, violando a garantia do devido processo legal e retornando à inquisição.

Não causa qualquer estranhamento, diante disso, que a ausência de limites claros para a intervenção estatal na produção de provas, em detrimento da forma enquanto garantia, dialogue com o autoritarismo.

É preciso que as regras sejam compreendias como limites epistêmicos, conferindo um mínimo de racionalidade a um processo que,

CAPÍTULO 4
A CADEIA DE CUSTÓDIA DA PROVA E SUA (IN)EFICIÊNCIA DIANTE DA DESVALORIZAÇÃO DA FORMA PROCESSUAL

sob nenhuma hipótese, será apto à reconstrução absoluta de um evento pretérito (KHALED JR., 2015)

2.2 Contribuições da lei 13.964/19 na efetivação de um Processo Penal Constitucional a partir da cadeia de custódia da prova

A lei 13.964/19, alcunhada de pacote anticrime, gerou verdadeiro burburinho no cenário jurídico nacional. Não bastasse a natural repercussão de reformas legislativas de grande impacto, o mencionado diploma legal representou um marco normativo radical em diversos assuntos das ciências criminais, o que se avoluma o debate entorno do tema.

Especificamente quanto ao que interessa para o presente capítulo, a lei 13.964/19 andou bem ao positivar uma temática que há muito já buscava espaço na doutrina e na jurisprudência. Trata-se da temática referente à cadeia da custódia da prova, agora ocupante dos artigos 158-A a 158-F do Código de Processo Penal.

O tema da cadeia de custódia representa, em um modelo democrático de processo, a busca pela integridade dos elementos probatórios. Há, portanto, uma preocupação com a possibilidade de rastreio desses elementos de prova, visando aferir seu potencial de confiabilidade. Por meio de um procedimento formal, garante-se a integridade e, consequentemente, a confiabilidade daquilo que comporá o acerco probatório e, consequentemente, fundamentará o convencimento do magistrado.

Em um breve delineamento conceitual, tem-se por cadeia de custódia um conjunto de todos os procedimentos utilizados para identificar, acondicionar e documentar o caminho cronológico do vestígio, objetivando-se aferir sua posse e manuseio, evitando-se, com isso, a perca ou depreciação da memória do vestígio. Há, em suma, uma documentação da história cronológica do vestígio que, adiante, poderá constituir prova em Processo Penal.

Saliente-se, porém, que o legislador foi indevidamente restritivo ao utilizar, no conceito normativo de cadeia de custódia, o termo vestígio (art. 158-A, caput). É que, no afã de minudenciar a incidência da cadeia de custódia, a lei 13.964/19 indevidamente limitou-se a dizer que vestígio seriam objetos ou materiais brutos, visíveis ou latentes. Tal opção conceitual merece ser lida criticamente, pois não há de se admitir que todo o regime da cadeia de custódia não será aplicável, verbi gratia, às provas digitais ou, mais ainda, à memória humana (elementos que, por óbvio, não são brutos).

De forma minudente, o novel art. 158-B delineia 10 etapas que constituirão a cadeia de custódia da prova. Inicia-se com o reconhecimento, quando se identifica o elemento (vestígio) como de possível interesse para a produção probatória do caso penal (art. 158-B, I); passa-se ao isolamento, buscando impedir a alteração do estado das coisas (art. 158-B, II), tendo o agente público que reconheceu o vestígio (etapa 1) responsabilidade pela preservação do local (art. 158-A, §2º). A terceira etapa é a de fixação, quando então haverá a descrição detalhada do vestígio, isto é, há um primeiro ato de documentação, devendo-se primar pelo uso de tecnologia nessa produção, como alerta o próprio legislador (art. 158-B, III). Segue-se à quarta, quinta, sexta e sétima etapas, respectivamente da coleta do vestígio que será submetido à análise pericial (art. 158-B, IV), acondicionamento (art. 158-B, V), transporte (art. 158-B, VI) e recebimento (art. 158-B, VII). Todas preocupadas em manter inalterabilidade do coletado, isolando-o de

CAPÍTULO 4
A CADEIA DE CUSTÓDIA DA PROVA E SUA (IN)EFICIÊNCIA DIANTE DA DESVALORIZAÇÃO DA FORMA PROCESSUAL

contaminações de diversas ordens. A etapa oito (Art. 158-B, VIII) estipula a forma de processamento do vestígio, indicando o exame pericial em si. Aqui merece destaque que duas pessoas podem abrir o recipiente, ou seja, ter contato com o que será periciado: o perito ou pessoa autorizada de maneira motivada. Percebe-se a clara intenção de evitar a manipulação e o acesso de inúmeras pessoas àquilo que será periciado. A lei ainda regula o armazenamento (art. 158-B, IX) e o descarte (art. 158-B, X), tudo isso com uma norma de conteúdo programático (Art. 158-E) que indica a necessidade de adequação a aparelhamento dos Institutos de Criminalística para a satisfação das exigências legais da cadeia de custódia.

É notório, a partir da breve exposição acima, que a cadeia de custódia da prova se soma ao conjunto de formalidades que caracterizam a necessidade do processo no contexto de Estado de Direito. O processo nasce como forma, e a forma é sua razão de existir. Por isso mesmo Beccaria, que ainda se mantém moderno em razão dos influxos autoritários de hoje, já alertava acerca da necessidade de regramento dos delitos, das penas e, acima de tudo, do modo de apuração da responsabilidade.

Nesse contexto, Guilherme Madeira e Luciano Anderson (2020, p. 123) alertam que é preciso atentar para as consequências da não observância desse novo regramento, pois, "a depender do que se entenda na jurisprudência, pode destruir toda essa regulamentação". É com essa preocupação que se redige o presente escrito.

3. O futuro refletindo o passado: a custódia da memória e o tratamento do artigo 226 do Código de Processo Penal

Se é certo que, com a inserção do Art. 158 – A no Código de Processo Penal, pacificou-se a noção de que a cadeia de custódia inclui *o conjunto de todos os procedimentos utilizados para manter e documentar a história cronológica do vestígio coletado*, a partir de seu reconhecimento, resta evidente que a fiabilidade da prova deve ser assegurada em todos os meios admissíveis – inclusive nas não raras provas dependentes da memória.

Assim como nos demais tipos de prova, sua forma de obtenção, incluindo meios e fontes, deve ser conhecida, para que esta atividade probatória comporte, necessariamente, o exercício do contraditório.

Lidar com uma atividade congnitiva como forma de obter informações, no entanto, evidencia inúmeros percalços, para os quais a mera previsão legal se mostra insuficiente.

Isso porque a construção da memória, seja nos depoimentos testemunhais ou no reconhecimento pessoal, está sujeita aos mais diversos fenômenos, que transpõem as barreiras do Direito – emoções daquele que a expõe, capacidade cognitiva, extração de significados, falsas memórias, dentre outros.

Como destaca Lílian Stein, a Psicologia Experimental Cognitiva possibilitou a confirmação científica de que o transcurso temporal é capaz de transformar lembranças, gerando recordações passíveis de serem distorcidas, de maneira interna ou por sugestão externa (STEIN, 2003).

CAPÍTULO 4
A CADEIA DE CUSTÓDIA DA PROVA E SUA (IN)EFICIÊNCIA DIANTE DA DESVALORIZAÇÃO DA FORMA PROCESSUAL

O problema em comento põe luz em dispositivos já existentes no Código de Processo Penal, tidos como fontes de prova, a priori, admissíveis, mas ocasionadores de um sem fim de equívocos, como o Art. 266, sobre o reconhecimento de pessoas.

Sob pena de que a preservação da cadeia de custódia, inserida, expressamente, pela Lei 13.964/2019, resulte em mera recomendação, um "futuro" que em nada se difere das suficientemente prejudiciais práticas de um "passado" cada vez mais atual, é preciso delinear também os limites e regras aplicáveis às provas testemunhais – em sentido amplo -, como a supracitada.

3.1 O problema da memória no Processo Penal analógico

A questão central quanto à memória, no Processo Penal, voltava-se, quase em totalidade, à necessidade de evitar mentiras e às formas de captação de depoimentos, com vistas a uma suposta obtenção da verdade – problemática já delineada neste capítulo.

Muito embora não se possa negar a possibilidade de mentiras, deliberadas, no processo probatório desta ordem, os impasses que se apresentam na prova testemunhal, e influem em sua validade, são ainda mais complexos.

É que trabalhar a reducionista concepção de "verdade" ou "mentira", em um exercício narrativo que, conforme adiantou-se, sofre influência de fenômenos internos e externos, se mostra de todo insuficiente.

Alia-se a esta preocupação o poder de convencimento atrelado a tais provas, e o peso, ainda maior, a depender de quem as apresenta. É o caso, a título ilustrativo, do valor que se atribui à palavra de policiais e à palavra das vítimas, notadamente em crimes sexuais.

O estudo da memória humana no testemunho é, naturalmente, temática interdisciplinar. Pressupõe o abandono da dicotomia verdade-mentira, para aproximar-se de eventos psicológicos. O que influi na validade destes depimentos?

No ano de 2015, o Ministério da Justiça divulgou pesquisa, coordenada pela psicóloga Lilian Stein, tratando dos avanços científicos em psicologia do testemunho, aplicados ao reconhecimento pessoal e aos depoimentos forenses.

A análise dos dados indicou que, para 90,3% dos participantes da pesquisa, a prova testemunhal assumiu protagonismo no desfecho do caso processual. Quanto ao reconhecimento pessoal, 69,2% dos participantes indicaram "muita importância".

Agravando este quadro, como conclusão do estudo, observou-se que as práticas de obtenção destes elementos não eram padronizadas, e que a coleta de testemunhos e reconhecimento sequer seguiam, em muitas situações, os dispositivos da norma vigente.

A referida conclusão corrobora com a ideia de que as provas dependentes da memória, no âmbito do Processo Penal, vêm sendo utilizadas em prejuízo aos princípios da legalidade e do contraditório, mas, ainda assim, figuram como fator determinante na maior parte das condenações criminais.

Abre-se, assim, com a incorreta utilização de um sensível meio de prova, já sujeito às mais diversas induções, enorme espaço para a seletividade.

CAPÍTULO 4
A CADEIA DE CUSTÓDIA DA PROVA E SUA (IN)EFICIÊNCIA DIANTE DA DESVALORIZAÇÃO DA FORMA PROCESSUAL

Diante de testemunhos que ingressam no processo, tamanha importância, com ares de "divinos", rememoram-se os ordálios, elevando a palavra à condição de indicar o "vencedor".

Ao tratar da cadeia de custódia da memória, é preciso perceber que o estado atual de coisas tem se apartado, sobremaneira, de um controle de legitimidade e legalidade, e que eventual mudança, nesse contexto, depende de uma revisitação às regras, bem como às práticas policiais e processuais.

3.2 Francisco Campos seria um garantista? A custódia da memória no Código de Processo Penal

Matrizes criminológicas modernas, especialmente alinhadas à chamada criminologia crítica, concebem que, ao contrário do que diz, por exemplo, Norberto Bobbio na apresentação que faz ao capolavoro de Luigi Ferrajoli, Direito e Razão, o poder punitivo tem sim uma racionalidade. Exercícios de análise crítica, portanto, não devem se limitar a entender as disfuncionalidades do Sistema de Justiça Criminal, mas, acima de tudo, denunciar suas funcionalidades veladas.

No recorte do Direito Processual Penal, um salutar caminho para revelar as funcionalidades ocultas do sistema é recobrar, ainda que rapidamente em função dos limites deste escrito, a genealogia das ideias fundantes do nosso Código de Processo Penal. Para isso, recorre-se àquele que foi o seu artífice, construtor-mor dos caminhos jurídicos que o Brasil percorreu durante a Era Vargas. Este período é muito bem descrito pelo historiador Boris Fausto (2006, p. 200):

> No dia 10 de novembro de 1937, tropas da polícia militar cercaram o Congresso e impediram a entrada dos

congressistas. O ministro da Guerra – general Dutra – se opusera a que a operação fosse realizada por forças do exército. À noite, Vargas anunciou uma nova fase política e a entrada em vigor de uma Carta constitucional elaborada por Francisco Campos. Era o início da ditadura do Estado Novo.

Falar em genealogia das ideias do Processo Penal recai, invariavelmente, na figura de Francisco Campos, o Chico Ciência. O artífice do Código e da Constituição *Polaca* se notabilizou como ferrenho defensor da centralização dos poderes na figura do chefe do executivo, em detrimento da implosão dos mecanismos de jaez liberal, como o voto secreto e os partidos políticos. Em que pese nunca ter se declarado fascista, Chico Ciência nutria verdadeira adoração pelo modelo processual instituído por Mussolini, a partir do Código Rocco, o que se confirma a partir das inúmeras referências à legislação alienígena na exposição de motivos de nosso código (MALAN, 2015).

Vê-se que o caldo cultural e ideológico que permeia o referencial normativo do Processo Penal brasileiro é, em origem, absolutamente antidemocrático. Formulado na década de 40, no seio de um regime ditatorial, o CPP tem como matriz inspiradora o Código Rocco, instrumentalizado pelo Fascismo de Mussolini. O modelo antidemocrático de Estado fertilizou um Código igualmente avesso à democracia e, mesmo com a derrocada do então regime, o breve suspiro democrático (1945-1964) não foi suficiente para expurgar as raízes autoritárias do processo. Novamente assolado por um golpe militar (1964), o Brasil continuou sem forças para superar o modelo autoritário de processo.

O cenário é autoexplicativo: o modelo autoritário de processo enxerga direitos e garantias como empecilhos à punição (que, para tal

CAPÍTULO 4
A CADEIA DE CUSTÓDIA DA PROVA E SUA (IN)EFICIÊNCIA DIANTE DA DESVALORIZAÇÃO DA FORMA PROCESSUAL

pensamento, é a razão de ser do processo). E mais: atribui-se ao formalismo – sempre visto como excessivo aos olhos do punitivismo – e às nulidades a culpa da ineficiência do processo. A equação de Francisco Campos é simples: o processo é eficiente para combater a criminalidade na inversa proporção em que garante direitos (previstos justamente nas formalidades e respaldados pelo regime de nulidades).

Mesmo nesse contexto, o Código de Processo Penal, em seus artigos 226 e seguintes, trouxe um esquadro de formalidades para regrar, minimamente, o reconhecimento de pessoas e coisas. Assim, resistindo à forte onda autoritária representada pela tríade Vargas-Campos-Rocco, o Código, assumindo a fragilidade da matéria, preocupou-se em estabelecer balizas para o ato probatório em comento.

Já advertia Câmara Leal (1942, p. 67) que "cumpre, todavia, muito cuidado nesse meio indiciário, que pode ser uma fonte de grandes perigos e de erros dolorosos". E assim agiu o legislador, ao menos dentro dos limites do conhecimento de seu tempo, indicando o *iter* procedimental do reconhecimento.

Exigiu-se que inicialmente a pessoa a fazer reconhecimento descrevesse a pessoa a ser reconhecida (art. 226, I, CPP). Posteriormente, o comentado artigo, em seu inciso II, busca evitar que o sujeito a ser reconhecido esteja sozinho (deve ser colocado junto a outras pessoas com características semelhantes). Nota-se a preocupação em evitar o fenômeno da sugestionabilidade do reconhecedor, como bem denunciado por Nygaard e outros (2006, p. 151), para quem "adultos e crianças mudam suas memórias quando sugestionados por pessoas influentes". A autoridade policial, por óbvio, exerce forte influência no cenário do reconhecimento pessoal, daí devendo-se impedir que parta dela qualquer atribuição de característica ao sujeito a ser reconhecido.

É precisa a lição de Mariângela Tomé Lopes (2011, p. 87), quando diz:

> A primeira fase resulta da necessidade de se ativar a memória do reconhecedor e, por meio dela, constata-se o grau de atenção do sujeitoativo. A segunda evita sugestionamento no ato, pois a colocação de outras pessoas de características semelhantes serve para produzir outros elementos de comparação e constatar o grau de certza do reconhecedor. A terceira fase é justamente o momento em que o recohecedor vai indicar, entre as pessoas ali expostas, qual seria a envolvida. A quarta fase documenta todas as anteriores (...) Nenhuma das fases pode deixar de ser realizada devido à importância de cada uma.

Vê-se, pois, que o maltratado procedimento legal para reconhecimento de pessoas e coisas exsurge no ordenamento jurídico pátrio como verdadeiro embrião da ideia de cadeia de custódia da prova, afinal propõe cuidados para com a confiabilidade do ato, evitando contaminações (influências) à prova produzida. Admitindo-se que a cadeia de custódia visa justamente garantir a mesmidade (que os elementos trazidos à valoração do juiz sejam os *mesmos* encontrados na cena do delito) e a integridade (que esses elementos não sofram adulterações, voluntárias ou involuntárias), o que faz o art. 226, CPP é justamente tentar concretizar esses ideais de garantia, mesmo que anacronicamente.

A indagação, obviamente irônica, se seria Francisco Campos um "garantista", serve de gatilho para a seguinte reflexão: se com a ideologia da defesa social, circundado por um momento político de ditadura Varguista e com forte inspiração num diploma Fascista, o CPP previu mínimos requisitos para o reconhecimento pessoal, que avanço democrático

CAPÍTULO 4
A CADEIA DE CUSTÓDIA DA PROVA E SUA (IN)EFICIÊNCIA DIANTE DA DESVALORIZAÇÃO DA FORMA PROCESSUAL

experimentou o Processo Penal brasileiro para, décadas (e constituições) depois tratar com desprezo tal regramento? E mais: não para aprimorá-lo, como já exige a melhor doutrina, mas sim para miná-lo, retirando a eficácia protetiva incutida nas formalidades que ele prevê.

O tratamento jurisprudencial dado ao artigo 226 e seguintes do Código de Processo Penal, que será detalhado em tópico específico, responde à pergunta irônica: aos olhos do *law in action*, especificamente quanto ao reconhecimento de pessoas, Francisco Campos seria um garantista, com toda a carga de marginalização que tal adjetivação vem sofrendo atualmente. Ele, com toda sua inspiração autoritária, ficaria orgulhoso dos rumos que deram ao seu código nos últimos anos.

3.3 A indiferença jurisprudencial diante da cadeia de custódia da memória

Não bastasse a insuficiência de regras para tratamento das provas aqui abordadas – e a falta de rigidez, na prática, no cuprimento das que existem -, a interpretação observada nos Tribunais sinaliza para uma flexibilização ainda maior.

Se a forma, como garantia, é intrínseca a um devido processo legal, é imprescindível que sua preservação encontre amparo na jurisprudência pátria. E, nesta temática, devem inserir-se também os atos formais, como o reconhecimento pessoal.

Na contramão desse entendimento, decisões que relativizam até mesmo as disposições normativas vêm sendo proferidas, acompanhadas da exigência de uma inatingível "demonstração do prejuízo".

Como base para esta análise, no propósito de exemplificar a interpretação conferida ao Art. 226, do Código de Processo Penal, que lhe esvazia qualquer preservação de forma, se destaca a posição firmada pelo Superior Tribunal de Justiça, na edição nº 105 do Jurisprudência em Teses, de que "*o reconhecimento fotográfico do réu, quando ratificado em juízo, sob a garantia do contraditório e ampla defesa, pode servir como meio idôneo de prova para fundamentar a condenação*".

Cumpre lembrar que, na disposição sobre o reconhecimento de pessoas contida no Código de Processo Penal, exigiu-se uma série de procedimentos. Dentre eles, que a pessoa cujo reconhecimento se pretende seja colocada ao lado de outras com quem possua semelhança, se possível, para a identificação pelo reconhecedor (Art. 226, II).

Tamanha importância se confere à identificação pessoal, que o inciso seguinte assegura, em caso de receio de intimidação ou outra influência ao reconhecedor, que a autoridade providenciará que a pessoa a quem se deve reconhecer não a veja. Preserva, portanto, a necessidade de que o procedimento transcorra de maneira pessoal, presencial.

Exceção a isto se dará, tão somente, por força do parágrafo único do mesmo dispositivo, na fase de instrução criminal ou em plenário de julgamento.

Para além de discutir se identificação por fotografias deveria ou não ser considerada no Processo Penal, é inconteste que, como qualquer outra produção probatória, não poderia ocorrer sem protocolos definidos, sem regulamentação.

No entanto, o Superior Tribunal, em uma sequência de julgados que conduziu à publicação da Tese, transformou a exigência em mero aconselhamento legislativo. E assim, portanto, o desrespeito ao *procedimento* exigido ao reconhecimento pessoal, imprescindível à

CAPÍTULO 4
A CADEIA DE CUSTÓDIA DA PROVA E SUA (IN)EFICIÊNCIA DIANTE DA DESVALORIZAÇÃO DA FORMA PROCESSUAL

preservação da cadeia de custódia deste tipo de prova, não seria apto a ensejar qualquer nulidade.

Mais do que isso, expressamente se dispôs, em julgados desta natureza, que o procedimento previsto no Art. 226 não alcançaria a condição de exigência:

> RECURSO EM HABEAS CORPUS. HOMICÍDIO QUALIFICADO. TRANCAMENTO DA AÇÃO PENAL. FALTA DE JUSTA CAUSA. INEVIDÊNCIA. ILICITUDE DAS PROVAS NÃO CONFIGURADA. QUEBRA DO SIGILO TELEFÔNICO. DECISÃO FUNDAMENTADA. PRORROGAÇÕES. POSSIBILIDADE. CONTAGEM DO PRAZO A PARTIR DO EFETIVO INÍCIO DA ESCUTA. JUNTADA TARDIA DA ÍNTEGRA DO PROCEDIMENTO. QUESTÃO NÃO ENFRENTADA PELO TRIBUNAL ESTADUAL. PREJUÍZO NÃO DEMONSTRADO. RECONHECIMENTO FOTOGRÁFICO. INOBSERVÂNCIA DO ART. 226 DO CPP. NULIDADE. AUSÊNCIA. PARECER ACOLHIDO.
> [...]
> 5. Segundo a jurisprudência desta Corte Superior, as disposições constantes do art. 226 do Código de Processo Penal **configuram recomendação legal, e não uma exigência,** não se configurando nulidade quando o ato processual é praticado de modo diverso.
> 6. Recurso em habeas corpus improvido.
> (RHC 72.706/MT, Rel. Ministro Sebastião Reis Júnior, Sexta Turma, julgado em 06/10/2016, DJe 25/10/2016) (grifos nossos).

A desarmonia deste tratamento com um prometido Processo Penal em que a forma simboliza, simultaneamente, garantia e legalidade, é patente. Se mostra ainda mais sentida, com a inserção do Art. 158 – A pela Lei 13.964/2019, ao tratar da cadeia de custódia, determinando, em seu parágrafo 1º, que o início se dá, entre outros, com a preservação dos procedimentos policiais ou periciais nos quas seja detectada a existência de vestígios.

Ainda que de forma isolada, recente decisão trouxe esperança para a matéria. De modo diverso ao que se tem presenciado, majoritariamente, nas decisões dos Tribunais brasileiros, o julgamento do HC 598.886-SC, pelo STJ, conferiu nova e adequada interpretação ao Art. 266, CP.

A decisão em comento reconhece ser

> De todo urgente, portanto, que se adote um novo rumo na compreensão dos Tribunais acerca das consequências da atipicidade procedimental do ato de reconhecimento formal de pessoas; não se pode mais referendar a jurisprudência que afirma se tratar de mera recomendação do legislador, o que acaba por permitir a perpetuação desse foco de erros judiciários e, consequentemente, de graves injustiças. (HC n. 598.886-SC, Rel. Ministro Rogério Schietti, 6a T. 27/10/2020)

Trata-se, em outras palavras, de uma primeira virada de entendimento, que expõe os problemas conferidos, até então, ao tratamento desta matéria pela jurisprudência, com assunção da falibilidade da memória e, principalmente, reconhecimento da forma enquanto garantia.

O decidido tem mesmo razão de ser.

Com o objetivo de que salvaguardar a cadeia de custódia da prova represente um avanço, em termos de legitimidade e validade da produção probatória, é inconcebível que se exclua deste âmbito de proteção uma das etapas que mais impacta no desfecho processual.

O controle epistêmico pelos sujeitos que compõem esta dinâmica só pode se dar, notadamente, se respeitada a integridade da prova, com atenção à normatividade. Do contrário, a prova se revela inválida, sendo exigível que tal compreensão acompanhe também o Julgador, afinal, a forma é

CAPÍTULO 4
A CADEIA DE CUSTÓDIA DA PROVA E SUA (IN)EFICIÊNCIA DIANTE DA DESVALORIZAÇÃO DA FORMA PROCESSUAL

exigência fundamental à qualidade do elemento probatório – no que se inclui a memória e, por consequência, o reconhecimento pessoal.

Afirmar as liberdades individuais, bem como corrigir imensuráveis falhas na condenação por reconhecimentos, exige, também, que seja mantida e aceita uma guinada jurisprudencial, admitindo que a indiferença, atualmente sentida, abre as portas do decisionismo.

Considerações finais

O regramento da chamada cadeia de custódia da prova é, indiscutivelmente, um salto qualitativo na concretização do direito fundamental ao devido processo legal, mais especificamente na sua faceta preocupada com o direito à prova.

Com as enfáticas alterações inauguradas pela lei 13.964/2019, o cenário processual penal ganhou, ao menos do ponto de vista positivo, mais um elemento que ressalta a função protetiva da forma na disciplina da persecução criminal, o que evidencia o diálogo simbiótico existente no binômio forma-garantia.

O aludido direito fundamental ao devido processo legal deve encontrar nas inovações insculpidas no art. 158-A mais uma ferramenta de concretização, cogente e geradora de efeitos pedagógicos e conformadores no mar de autoritarismo que é o Processo Penal da *práxis*.

Esse, todavia, não parece ser o que caminho apontado pela bússola dos Tribunais Superiores. É que, a partir da degeneração do regime das nulidades no Processo Penal, a jurisprudência reafirma, dia após dia, que todos os tipos processuais estabelecidos, e – reitere-se, carregados de conteúdo minimamente protetivo das liberdades individuais- não passam, hoje, de meras recomendações normativas, isto é, um conselho não vinculativo do legislador.

O recurso à análise da disciplina normativa do reconhecimento pessoal de pessoas e coisas, serve-nos de guia para entender o porvir: mesmo os esquadros normativos mais específicos, que a toda evidência buscam maximizar garantias fundamentais, são solenemente afastados por decisões judiciais que insistem em não reconhecer a função garantidora das formalidades do processo.

Já dizia Cazuza, na música que poderia dar título a este capítulo: "eu vejo o futuro refletir o passado". Se a hermenêutica da instrumentalidade constitucional do processo não for posta em prática, o futuro da cadeia de custódia da prova será o mesmo do art. 226, CPP, que já trazia a cadeia de custódia da memória mas foi relegado a mero conselho de Francisco Campos, um autoritário que hoje, pelo caminho que se segue, seria interpretado como garantista.

Bibliografia

CASARA, Rubens R. R.; MELCHIOR, Antonio Pedro. **Teoria do Processo Penal Brasileiro:** Dogmática e Crítica: Conceitos Fundamentais. Rio de Janeiro: Lumen Juris, 2013.

COUTINHO, Jacinto Nelson de Miranda. **Sistema Acusatório**: cada parte no lugar constitucionalmente demarcado. Disponível em: https://www2.senado.leg.br/bdsf/bitstream/handle/id/194935/000871254.pdf?sequence=3

DEZEM, Guilherme Madeira, SOUZA, Luciano Anderson de. **Comentários ao pacote anticrime:** lei 13.964/19. São Paulo: Revista dos Tribunais, 2020.

FAUSTO, Boris. **História Concisa do Brasil**. São Paulo: Edusp, 2006.

FERRER BELTRÁN, Jordi (2017). La prueba es libertad, pero no tanto: Una teoría de la prueba Cuasi-Benthamiana. Revista Jurídica Mario Alario D'Filippo, IX (18), pág 150-169.

GLOECKNER, Ricardo Jacobsen. **Nulidades no Processo Penal:** introdução principiológica à teoria do ato processual irregular. 2. ed. Salvador: Juspodivm, 2015.

GLOECKNER, Ricardo Jacobsen. **Risco e Processo Penal:** uma análise a partir dos direitos fundamentais do acusado. 2ª ed. Salvador: Juspodivm, 2015.

GOLDSCHMIDT, James. **Problemas Jurídicos y Políticos del Proceso Penal**. Barcelona: Bosch, 1935.

GRINOVER, Ada Pellegrini. **Novas Tendências do Direito Processual:** de acordo com a Constituição de 1988. Rio de Janeiro: Forense Universitária, 1990.

JARDIM, Afrânio Silva; AMORIM, Pierre Souto Maior Coutinho de. **Direito Processual Penal:** Estudos e Pareceres. 13ª ed. Rio de Janeiro: Lumen Juris, 2014.

Jurisprudência em Teses - http://www.stj.jus.br/internet_docs/jurisprudencia/jurisprudenciaemteses/Jurisprudência%20em%20teses%20105%20-%20Provas%20no%20Processo%20Penal%20-%20I.pdf. Acesso em: 20 de outrubro de 2020.

KHALED JR., Salah H. A produção analógica da verdade no processo penal. **Revista Brasileira de Direito Processual Penal**, Porto Alegre, vol. 1, n. 1, p. 166-184, 2015.

LEAL, Antonio Luiz da Câmara Leal. **Comentários ao Código de Processo Penal brasileiro**. Rio de Janeiro: Freitas bastos, 1942.

LOPES JR., Aury. **Fundamentos do Processo Penal:** Introdução Crítica. São Paulo: Saraiva, 2015.

LOPES, Mariângela Tomé. **O reconhecimento como meio de prova: necessidade de reformulação do direito brasileiro**. 2011. Tese (Doutorado) - Universidade de São Paulo, São Paulo, 2011.

MALAN, Diogo. Ideologia Política de Francisco Campos: influência na legislação processual penal brasileira [1937-1941]. In: PRADO, Geraldo; MALAN, Diogo (Org.). **Autoritarismo e processo penal brasileiro.** Rio de Janeiro: Lumen Juris, 2015. P. 1-87

MARTINS, Rui Cunha. **O ponto cego do direito:** the Brazilian Lessons. 3ª ed. São Paulo: Atlas, 2013.

MATIDA, Janaína Roland. **O problema da verdade no processo: a relação entre fato e prova. Rio de Janeiro**, 2009, 111p. Dissertação de Mestrado – Departamento de Direito, Pontifícia Universidade Católica do Rio de Janeiro.

NYGAARD, Maria Lucia Campani, FEIX, Leandro da Fonte e STEIN, Lilian Milnistsky. "Contribuições da psicologia cognitiva para a oitiva da testemunha" *in* **Revista Brasileira de Ciência Criminais**, n° 61, São Paulo: Revista dos Tribunais, julho/agosto de 2006.

OLIVEIRA, Carlos Alberto Álvaro de. **Do formalismo no processo civil**. Tese [Doutorado] apresentada perante a faculdade de Direito da Universidade de São Paulo (USP), São Paulo, 1996.

PEREIRA, Flávio Cardoso. **El agente infiltrado desde el punto de vista del garantismo procesal penal.** Curitiba: Juruá, 2013.

Pesquisa "Avanços científicos em Psicologia do Testemunho aplicados ao Reconhecimento Pessoal e aos Depoimentos Forenses, do Ministério da Justiça, Instituto de Pesquisa Econômica Aplicada, 2015. Disponível em: http://pensando.mj.gov.br/wp-content/uploads/2016/02/PoD_59_Lilian_web-1.pdf

CAPÍTULO 4
A CADEIA DE CUSTÓDIA DA PROVA E SUA (IN)EFICIÊNCIA DIANTE DA DESVALORIZAÇÃO DA FORMA PROCESSUAL

ROSA, Inocêncio Borges da. **Nulidades do Processo.** Porto Alegre: Livraria do Globo, 1935.

SCHIMIDT, Eberhard. **Los fundamentos teóricos y constitucionales del derecho procesal penal.** Trad.: Jose Manuel Nuñez. Buenos Aires: Lerner, 2006.

SILVA JR., Walter Nunes da. **Reforma Tópica do Processo Penal:** inovações aos procedimentos ordinário e sumário, com o novo regime de provas, principais modificações do júri e as medidas cautelares pessoais (prisão e medidas diversas da prisão). 2ª ed. Rio de Janeiro: Renovar, 2012.

STEIN, Lilian Milnitsky; NYGAARD, Maria Lúcia Campani. A memória em julgamento: uma análise cognitiva dos depoimentos testemunhais. **Revista Brasileira de Ciências Criminais**, São Paulo, v. 11, n. 43, p. 151-164, abr./jun.. 2003

TAVARES, Juarez. **Prova e verdade/** Juarez Tavares; Rubens Casara. 1. ed. – São Paulo: Tirant Lo Blanch, 2020.

CAPÍTULO 5

Obstáculos à identificação criminal através de coleta compulsória de material genético

Guilherme de Negreiros Diógenes Reinaldo[1]

Embora a utilização de perfis genéticos para fins de identificação criminal já se encontrar prevista na legislação brasileira desde a Lei 12.654/2012, as alterações relacionadas à matéria, trazidas pela Lei 13.964/2019, reacenderam o debate, não só sobre a constitucionalidade dos dispositivos legais promulgados, como sobre as próprias premissas e implicações morais que autorizariam o estado a coletar e armazenar dados genéticos de cidadãos, sobretudo daqueles que eventualmente se recusarem a fornecê-lo.

Neste sentido, a coleta compulsória e coercitiva de material ou dados genéticos se apresenta como um exemplo privilegiado para discussão sobre colisão entre Direitos Fundamentais, por dois motivos: o primeiro, pelo fato de ser questão amplamente debatida no Direito Comparado, não só no campo filosófico, mas sobretudo na dimensão de concretização de políticas públicas através de atos normativos e administrativos específicos;

---

[1] Mestre e Bacharel em Direito pela UFRN. Advogado criminalista associado ao escritório Canto & Gama.

CAPÍTULO 5
OBSTÁCULOS À IDENTIFICAÇÃO CRIMINAL ATRAVÉS DE COLETA COMPULSÓRIA DE MATERIAL GENÉTICO

e em segundo lugar, em razão de já existir vasta produção acadêmica a este respeito.

Diante disto, a metodologia a ser empregada neste capítulo será a de utilizar o exemplo privilegiado da coleta de material genético, para compreender os eventuais obstáculos à implementação concreta da normatividade prevista no chamado Pacote Anticrime, bem como discutir suas possíveis dimensões e consequências, sejam elas positivas ou negativas, sob a ótica da proteção aos Direitos Fundamentais.

Para tanto, inicialmente será apresentado no tópico "1" o tratamento dado à matéria no Direito Comparado, para em seguida serem discutidos os aspectos constitucionais da normatividade trazida pela Lei 13.964/2019, no tocante à coleta de dados genéticos.

Em seguida, serão discutidos no tópico "2" os obstáculos de natureza administrativa e sociológica à concretização das inovações trazidas pela Lei 13.964/2019, concluindo-se que o não enfrentamento, por parte da norma, a certos questionamentos pode vir a frustrar a sua tentativa de maior resolução de crimes.

1. Colisão entre Direitos Fundamentais em estados democráticos: o exemplo privilegiado da coleta de identificação genética

De uma maneira geral, os países, tanto de tradição jurídica de *civil law* como de *common law*, entendem pela possibilidade de coleta de provas através da intervenção corporal, ainda que em desacordo com a vontade do cidadão, existindo, segundo Eugênio Pacelli (2004, pp. 216), divergências apenas no tocante a necessidade de autorização judicial prévia.

No caso do Brasil, a coleta de material ou dados genéticos decorre de expressa previsão legal da sua compulsoriedade para pessoas condenadas por crimes hediondos e de natureza grave contra a pessoa, ou em casos de investigação criminal, oportunidade na qual precisa ser precedida de ordem judicial fundamentada.

Todavia, longe de ser uma unanimidade, a coleta compulsória de material e dados genéticos é, há décadas, alvo de escrutínio por parte da doutrina e da jurisprudência, em razão, sobretudo, de divergências sobre o grau de extensão do princípio pelo qual um cidadão não é obrigado a produzir provas contra si mesmo (*nemo tenetur se detegere*).

No caso brasileiro, estas discussões são acentuadas pela existência do inciso LXIII do art. 5º da Constituição Federal, que estabelece o direito ao silêncio, e do artigo 8º, §2º, alínea "g" do Pacto de San José, tratado internacional de Direitos Humanos, do qual o país é signatário, que assegura o direito da pessoa "não ser obrigada a depor contra si mesma, nem a confessar-se culpada".

Portanto, de um lado existe a interpretação extensiva do direito ao silêncio, e de outro, a escolha feita pelo legislador de criar a possibilidade de coleta compulsória de material e dados genéticos, com o objetivo de facilitar a solução de crimes.

Enquanto esta questão possa ser de resolução simples em países como Alemanha e Portugal, nos quais existe no sistema processual a obrigação expressa do acusado colaborar com a produção de provas, sobre pena de execução forçada (SABOIA, 2014, pp. 20), o mesmo não se pode dizer sobre o Brasil.

CAPÍTULO 5
OBSTÁCULOS À IDENTIFICAÇÃO CRIMINAL ATRAVÉS DE COLETA COMPULSÓRIA DE MATERIAL GENÉTICO

Isto porque, como assevera Walter Nunes o que se convencionou chamar em nosso sistema de direito ao silêncio é muito mais do que a garantia de a pessoa não ser obrigada, mediante o depoimento tomado oralmente, a se incriminar, pois compreende, em sua verdadeira essência, não só não se sujeitar à colaboração forçada por meio da palavra, mas igualmente a não contribuir ativa ou passivamente de outras formas (SILVA JÚNIOR, 2014, pp. 17576).

Neste sentido, ainda que a extração de uma gota de sangue ou saliva, ou até mesmo a coleta de impressões digitais, não possam ser compreendidos como ameaças à integridade física de alguém, este argumento não confronta o cerne da questão.

O que se denota é que, mais do que uma discussão sobre ferramentas para investigação de crimes, a reafirmação da obrigatoriedade do fornecimento de identificação genética, aliada a aplicação de sanções no curso da execução penal por descumprimento, trazida pela Lei 13.964/2019, levanta o debate sobre se é juridicamente possível obrigar alguém à execução específica de obrigação de fazer, e além disso, se é possível a aplicação de sanções penais em razão deste descumprimento.

Ressalta-se à exaustão, que não estamos diante de matéria de simples resolução. Exemplo disso, é que embora a Quinta Emenda da constituição dos EUA[2], na parte tocante ao direito ao silêncio, e o art. 5º, LXIII da Constituição Federal do Brasil[3] possuírem redações

---

[2] "(...); *nor shall be compelled in any criminal case to be a witness against himself, nor be deprived of life, liberty, or property, without due process of law*;(...)" que em uma tradução livre significaria "Nem irá ser compelida em nenhum caso criminal a ser testemunha contra si mesmo, nem será privado da vida, liberdade, ou propriedade, sem o devido processo legal"
[3] Art 5º, LXIII, CF – o preso será informado de seus direitos, entre os quais o de permanecer calado, sendo-lhe assegurada a assistência da família e de advogado.

semanticamente semelhantes, as cortes constitucionais de ambos países adotam posições sensivelmente diferentes a respeito da matéria.

Enquanto a Suprema Corte americana decidiu nos casos FISHER vs. USA e SCHMERBER vs. CALIFORNIA que a Quinta Emenda não vedava a produção compulsória de prova incriminatória, e que o direito ao silêncio resguardado na constituição seria aplicável a eventual obrigação de comunicação de cunho testemunhal (SABOIA, 2014, pp. 22), o Supremo Tribunal Federal brasileiro adotou um outro caminho.

Como aduz Walter Nunes (SILVA JÚNIOR, 2014, pp. 17713-17723):

> De qualquer forma, consoante a análise da posição adotada pelo Supremo Tribunal Federal, no Brasil a garantia do direito ao silêncio tem tido alcance maior do que em outros países. Pelos precedentes da nossa Suprema Corte, tem-se a inadmissibilidade, mesmo para a apuração de crimes mais graves, da extração forçada do cabelo ou de um pedaço ínfimo da unha, pois, embora aqui não ocorra efetivamente uma agressão à integridade física do acusado, importa em constrangimento, tratamento desumano, violação à intimidade e mesmo em obrigar que a pessoa execute à força, mesmo contra a sua vontade, uma obrigação específica, o que é vedado em nosso sistema jurídico, não apenas de forma explícita e implícita em diversos incisos do art. 5º da Constituição, como também pela inteligência que se deve conferir ao princípio do direito ao silêncio.

Esta diferença decorre do fato de que no sistema norte-americano, o acusado, caso opte por depor, presta o juramento de falar a verdade, assim como qualquer outra testemunha (SILVA JÚNIOR, 2014, pp. 17668), enquanto que no sistema brasileiro, ninguém pode ser considerado testemunha de seus próprios atos, que necessariamente precisa ser alguém

CAPÍTULO 5
OBSTÁCULOS À IDENTIFICAÇÃO CRIMINAL ATRAVÉS DE COLETA COMPULSÓRIA DE MATERIAL GENÉTICO

que tem conhecimento de fatos praticados por e relacionados a outras pessoas (SILVA JÚNIOR, 2014, pp. 17485).

Esta posição contudo, não é unânime, e o Parecer nº 07/2017 – AJCR/SGJ/PGR da Procuradoria Geral da República (2017), explicita bem a divergência sobre a matéria:

> Observa-se que a inclusão do perfil genético de condenados pela prática de crimes graves ou cometidos com violência contra a pessoa não prejudicará sua condição civil e tampouco ensejará condenação antecipada pela prática de outros delitos; donde, não há falar em ofensa ao princípio constitucional da não-culpabilidade. A coleta do perfil genético viabiliza a produção de uma prova adicional sujeita não apenas a todos os procedimentos legais estabelecidos e à demonstração do nexo causal, mas também à apreciação do Judiciário, assegurando-se, evidentemente, todos os meios e recursos legais existentes e disponíveis à defesa, caso confirmada a identidade entre determinado material coletado e eventual crime ainda sob investigação: o processo penal está sedimentado na ampla defesa e no contraditório, razão pela qual não há supor ofensa a tais postulados. Ora, a prova eventualmente produzida a partir da confrontação de perfis genéticos é plena, e deverá ser adequadamente apreciada pelo Judiciário.

O parecer citado acima foi emitido após o Supremo Tribunal Federal reconhecer a repercussão geral da matéria em 24 de junho de 2016 no Recurso Extraordinário nº 973.837, que ainda pende de julgamento do mérito, no qual foi arguido a inconstitucionalidade do artigo 9°-A da Lei de Execuções Penais.

Nesse contexto, com o surgimento da Lei nº 13.964/2019, surgem ainda duas normas cuja constitucionalidade também deve ser afetada pelo debate que será realizado pelo STF nos autos mencionados, na medida em que o §8° do art. 9-A e o art. 50 da Lei de Execuções Penais passaram a estabelecer a aplicação de falta grave ao apenado que se recusar em fornecer a sua identificação genética.

Deve ser ressaltado também, que o Supremo Tribunal Federal, em mais de uma oportunidade, expressou o entendimento de que, a par dos direitos fundamentais explícitos, há os direitos implícitos, argumento que serviu para fundamentar a existência de princípios como os da intangibilidade do corpo humano, do império da lei e da inexecução específica e direta da obrigação de fazer, dando guarida, assim, à tese de que a pessoa não pode ser obrigada, em investigação de paternidade, a ser submetida ao exame de DNA, como asseverado no Habeas Corpus nº 71.373-RS, DJ de 22.11.96 (SILVA JÚNIOR, 2014, pp. 38922), sendo, por outro lado, possível o recolhimento de material genético que tenha sido expelido do corpo do indivíduo, ainda que ele não consinta com a realização do exame, como julgado na Reclamação 2040/DF.

Ante o exposto, verifica-se que em decorrência da própria natureza do direito ao silêncio no sistema jurídico brasileiro, e da posição do Supremo Tribunal Federal sobre a matéria, mostra-se como altamente provável que as inovações trazidas pela Lei nº 13.964/2019, no tocante ao armazenamento e coleta de material e dados genéticos, venham a ter sua constitucionalidade questionada na corte constitucional, sobretudo a imposição automática de sanções restritivas de liberdade pela recusa do apenado em ser identificado geneticamente.

2. Expansão do Banco Nacional Multibiométrico e de Impressões Digitais: obstáculos à experiência brasileira.

Além de questionamentos sobre a própria validade jurídica da identificação genética compulsória, a Lei 13.964/2019 enfrenta também outros obstáculos à sua implementação, estes, por sua vez, de natureza um pouco mais pragmática, que é o problema da sistemática insuficiência de infraestrutura e recursos humanos no estado brasileiro, sobretudo no nível estadual e municipal.

Isto porque, além de reforçar a compulsoriedade da coleta de dados genéticos, a referida lei traz a autorização para criação do Banco Nacional Multibiométrico e de Impressões Digitais (BNMID).

A grande questão é que, embora a criação e manutenção do BNMID seja de atribuição do Ministério da Justiça e Segurança Pública, alguns dispositivos legais trazidos na nova legislação dependem das unidades da federação para sua correta implementação.

Eles são os parágrafos 2º ao 5º do art. 7-C:

> § 2º O Banco Nacional Multibiométrico e de Impressões Digitais tem como objetivo armazenar dados de registros biométricos, de impressões digitais e, quando possível, de íris, face e voz, para subsidiar investigações criminais federais, estaduais ou distritais.
> § 3º O Banco Nacional Multibiométrico e de Impressões Digitais será integrado pelos registros biométricos, de impressões digitais, de íris, face e voz colhidos em investigações criminais ou por ocasião da identificação criminal.
> § 4º Poderão ser colhidos os registros biométricos, de impressões digitais, de íris, face e voz dos presos provisórios ou definitivos quando não tiverem sido extraídos por ocasião da identificação criminal.

> § 5º Poderão integrar o Banco Nacional Multibiométrico e de Impressões Digitais, ou com ele interoperar, os dados de registros constantes em quaisquer bancos de dados geridos por órgãos dos Poderes Executivo, Legislativo e Judiciário das esferas federal, estadual e distrital, inclusive pelo Tribunal Superior Eleitoral e pelos Institutos de Identificação Civil.

Verifica-se, portanto, que o texto legal estabelece que o BNMID será composto por registros biométricos, de impressões digitais, de íris, face e voz dos presos provisórios ou definitivos, com o objetivo de subsidiar investigações criminais realizadas em todo o país.

Além disso, os parágrafos 1º-A e 3º do art. 9-A, trazidos pela mesma lei, estabelece que devem ser respeitadas garantias mínimas para a proteção de dados genéticos, além de que o sistema a ser implementado armazene todos os documentos relacionados a cadeia de custódia que gerou o dado, de forma que torne possível sua contradita pela defesa:

> § 1º-A. A regulamentação deverá fazer constar garantias mínimas de proteção de dados genéticos, observando as melhores práticas da genética forense. (...)
> § 3º. Deve ser viabilizado ao titular de dados genéticos o acesso aos seus dados constantes nos bancos de perfis genéticos, bem como a todos os documentos da cadeia de custódia que gerou esse dado, de maneira que possa ser contraditado pela defesa.

E por fim, há ainda na mesma lei as disposições sobre a cadeia de custódia da prova, que não serão abordadas em detalhes aqui — por já serem alvo de discussão em outro capítulo deste livro —, mas que atribuem ao estado a complexa responsabilidade de observar uma sistemática de procedimentos que visa à preservação de dados e provas.

Diante disto, é natural o questionamento sobre a capacidade da administração pública em alcançar os fins impostos pela lei, pois apesar da

CAPÍTULO 5
OBSTÁCULOS À IDENTIFICAÇÃO CRIMINAL ATRAVÉS DE COLETA COMPULSÓRIA DE MATERIAL GENÉTICO

criação do BNMID ser responsabilidade da união, a sua adequada utilização depende, sobretudo, da eficiência das demais unidades da federação para a coleta dos dados genéticos em conformidade com a cadeia de custódia da prova.

Neste sentido, o sistema elaborado pelo Lei 13.964/2019 para identificação criminal através da coleta compulsória de dados genéticos esbarra em dois obstáculos recorrentes à implementação de políticas públicas no Brasil: insuficiência de recursos humanos e financeiros para criação e manutenção de infraestrutura; e resistência interna das instituições à mudanças de cultura.

Melhor aduzindo, o serviço público, em geral, apresenta sérios problemas de coordenação e aplicação de recursos materiais destinados à execução de suas atividades. Por óbvio, com os órgãos de segurança pública, nas mais diversas instituições e unidades da federação, isso não seria diferente (MACHADO, 2019).

O mesmo se dá em relação aos recursos humanos, sendo comum a incapacidade de servidores públicos para realização de atribuições rotineiras, que é provocada, em alguns casos, pela desproporcionalidade na relação entre carga de trabalho e quantidade de funcionários.

Isto pode ser verificado pela própria subutilização de material biológico para obtenção do perfil genético, que já era realizado antes da promulgação da Lei 13.964/2019.

Em detalhes, segundo o VIII Relatório de Rede Integrada de Bancos de Perfis Genéticos (RIBPG), de junho de 2018, apesar da disponibilidade de dez mil amostras de DNA, apenas 10 decisões judiciais foram tomadas com base nesse aparato (BRASIL, 2018, pp.15).

Este mesmo documento informa que apenas 18 estados da federação, o Distrito Federal, a Polícia Federal e a Interpol contribuíram com perfis genéticos para o banco de dados, em razão dos demais estados, como o Rio Grande do Norte, sequer possuírem laboratórios destinados a este fim (BRASIL, 2018, pp. 09).

Além disso, problemas de infraestrutura também afetaram a eficácia do banco de dados, como ocorreu nos estados do Amazonas, Bahia, Paraíba e Santa Catarina, que não apresentaram aumentos numéricos no primeiro semestre de 2018, em razão de estarem temporariamente sem o servidor de dados necessário para o funcionamento no âmbito da RIBPG (BRASIL, 2018, pp. 22).

Tais problemas de incapacidade de gerenciamento do banco de dados não é peculiaridade dos estados da federação, tendo em vista que o próprio Ministério da Justiça e Segurança Pública enfrenta dificuldades, como por exemplo, a estimativa de só concluir em 2022 a análise das amostras que estavam pendentes em 2019 (BRASIL, 2019).

Por outro lado, um ponto que merece atenção, foi que a expansão em 410% no número de perfis genéticos entre 2014 e 2018, foi parcialmente acompanhada pela taxa de coincidência, que apresentou um crescimento de 200% (BRASIL, 2018, pp. 17).

As taxas de coincidência são justamente os elementos informativos aptos à auxiliar as autoridades investigativas, razão pela qual o RIBPG considera este indicador como uma das formas de avaliar os resultados obtidos com os bancos de perfis genéticos, tendo até o dia 28 de maio de 2018 o RIBPG fornecido informações a 561 investigações (BRASIL, 2018, pp. 18).

CAPÍTULO 5
OBSTÁCULOS À IDENTIFICAÇÃO CRIMINAL ATRAVÉS DE COLETA COMPULSÓRIA DE MATERIAL GENÉTICO

Estas informações trazidas pelo relatório indicam que, apesar de existir uma relação entre o aumento no número de perfis genéticos e o aumento da taxa de coincidência, existe ainda um déficit no país, sobretudo no tocante à insuficiência de infraestrutura de laboratórios, e, consequentemente, de profissionais tecnicamente aptos.

Além disso, verifica-se ainda a discrepância entre o número de investigações para as quais foram fornecidas informações oriundas do banco de dados de natureza genética, e a quantidade de sentenças judiciais que efetivamente utilizaram esta circunstância como elemento de fundamentação.

Problema que inclusive é reconhecido pela próprio RIBPG em seu relatório:

> Apesar do aumento linear, os dados apresentados no presente relatório demonstram que a funcionalidade dos bancos de perfis genéticos como valiosa ferramenta de investigação criminal e auxílio ao judiciário, ainda é subutilizada pela segurança pública brasileira. A fim de avaliar a eficácia dos bancos de perfis genéticos que compõe a RIBPG, analisou-se a taxa de coincidências, ou seja, o número de coincidências encontradas na RIBPG em relação ao total de perfis genéticos cadastrados no BNPG. Observa-se que houve um aumento crescente na taxa de coincidência ao longo dos últimos sete semestres, porém, quando se compara com a mesma taxa em outros países em que o tamanho do banco de dados é maior, nota-se que os resultados brasileiros ainda são mínimos. (BRASIL, 2018, pp. 23)

Neste sentido, levando-se em consideração a realidade da administração pública brasileira e os dados estatísticos sobre a utilização de perfis genéticos, verifica-se que a Lei 13.964/2019 foi omissa ao não ter estabelecido diretrizes destinadas a aprimorar o uso dos dados já existentes, ao invés de focar tão somente na expansão indiscriminada da coleta de dados genéticos.

Em outras palavras, diante das considerações acima, seria aconselhável que a norma promulgada tivesse respondido os seguintes questionamentos: quais os procedimentos mais eficazes para a coleta de dados genético? Quais materiais devem ser utilizados? É possível a utilização de ferramentas de automação da coleta de amostras, se sim, de que forma? Qual fonte orçamentária financiará as adaptações provocadas pela lei, inclusive em um nível estadual?

A ausência de confronto a esses questionamentos, por parte da Lei 13.964/2019, indica o pouco debate que foi realizado nas instâncias autorizadas de produção de norma, reforçando a ideia de que tal alteração legislativa, popularmente chamada de pacote Anticrime, teve a intenção precípua de apresentar rapidamente à sociedade uma resposta ao problema da criminalidade, que no tocante à identificação de perfis genéticos, consubstancia-se na determinação legal de expansão do número de perfis constantes no banco de dados.

Surgem, portanto, dois tipos de problemas decorrentes da promulgação sem um debate aprofundado.

O primeiro é o de que eventual ineficiência do sistema, em termos de sua utilização para responsabilização de indivíduos em ações penais, significaria a utilização de recursos dos contribuintes em medidas ineficazes.

Enquanto que o segundo problema provocado pela norma, é o de que as informações constantes em bancos de perfis genéticos possam ser utilizadas para a criação de políticas públicas que, partindo da análise de

CAPÍTULO 5
OBSTÁCULOS À IDENTIFICAÇÃO CRIMINAL ATRAVÉS DE COLETA COMPULSÓRIA DE MATERIAL GENÉTICO

caracteres genéticos para o enfrentamento de problemas socioeconômicos, conduzam ao fortalecimento de preconceitos sociais em face de certos grupos específicos.

Pois, por mais que a Lei 13.964/2019 fale expressamente que o objetivo do banco de perfil genético é subsidiar investigações criminais, a própria norma deixa aberta a possibilidade de que decisão judicial autorize a utilização destes dados para algum outro fim diferente daquele previsto na lei.

É o que afirma o §8° do art. 7-C da Lei 12.037/2009, após a promulgação do Pacote Anticrime:

> § 8° Os dados constantes do Banco Nacional Multibiométrico e de Impressões Digitais terão caráter sigiloso, e aquele que permitir ou promover sua utilização para fins diversos dos previstos nesta Lei ou em decisão judicial responderá civil, penal e administrativamente.

Como se percebe, o dispositivo em questão afirma que será responsabilizada a pessoa que promover a utilização dos dados genéticos em fim diverso daquele previsto na legislação (que é o de subsidiar investigações criminais), ou previsto em decisão judicial, abrindo-se, portanto, a possibilidade de que decisões prolatadas até mesmo em primeira instância permitam o acesso à esses dados para outros fins, que não a instrução de procedimentos investigativos específicos.

Abrir esta porta pode ser extremamente perigoso, pois estudos comprovam que o fortalecimento de preconceitos sociais é um elemento que compõe a própria formação das estruturas do estado brasileiro (REINALDO, 2019. pp. 131-132):

A mais predominante (forma de fortalecimento de preconceitos sociais) é a associação do paciente à algum conceito abstrato de cidadão inimigo, fortalecendo o preconceito social de que existem pessoas com personalidade voltada para a prática de crimes — ou que possuem uma característica criminógena inata que o tornaria perigoso —, e que tal circunstância pode ser aferida à partir de uma análise sobre quantas ações penais responde ou já foi condenado. Todavia, a aceitação e emprego desta concepção neurodeterminista indica uma tendência para o Direito Penal do autor e seu desdobramento mais radical, do Direito Penal do Inimigo, perspectiva que conduz à repressão estatal pautada em critérios de prevenção do corpo social, ao invés de reação, abdicando de parte de seu conteúdo ético em prol critérios de mera conveniência político-criminal.

Contudo, até a data de publicação deste artigo, não se tem informação da existência de alguma decisão judicial que, valendo-se da alteração legislativa, tenha autorizado o compartilhamento destes dados para outros fins que não a instrução em procedimentos investigativos concretos.

Considerações finais

Apesar da coleta compulsória de dados genéticos ser um ponto de comum aceitação no Direito Comparado, sobretudo em países nos quais existe no sistema processual a obrigação expressa do acusado colaborar com a produção de provas, sobre pena de execução forçada, esta questão ainda encontra forte resistência no Brasil.

Esta divergência com outros países decorre do fato de que em nosso sistema jurídico o direito ao silêncio assume uma posição singular, na medida em que se concretiza como muito mais do que a garantia de a pessoa não ser obrigada, mediante o depoimento tomado oralmente, a se incriminar,

CAPÍTULO 5
OBSTÁCULOS À IDENTIFICAÇÃO CRIMINAL ATRAVÉS DE COLETA COMPULSÓRIA DE MATERIAL GENÉTICO

consubstanciando-se no direito de não contribuir ativa ou passivamente de outras formas, para a sua investigação.

Analisando a própria natureza do direito ao silêncio no sistema jurídico brasileiro, e a posição do Supremo Tribunal Federal sobre a matéria, concluiu-se ser altamente provável que as inovações trazidas pela Lei n° 13.964/2019, no tocante ao armazenamento e coleta de material e dados genéticos, venham a ter sua constitucionalidade questionada na corte constitucional, sobretudo a imposição automática de sanções restritivas de liberdade pela recusa do apenado em ser identificado geneticamente.

Além de questionamentos sobre a própria validade jurídica da identificação genética compulsória, a Lei 13.964/2019 enfrenta também outros obstáculos à sua implementação, que é o problema da sistemática insuficiência de infraestrutura e recursos humanos no estado brasileiro, sobretudo no nível estadual e municipal.

Pois embora a criação e manutenção do BNMID seja de atribuição do Ministério da Justiça e Segurança Pública, alguns dispositivos legais trazidos na nova legislação dependem das unidades da federação para sua correta implementação.

O sistema elaborado pelo Lei 13.964/2019 para identificação criminal através da coleta compulsória de dados genéticos esbarra em dois obstáculos recorrentes à implementação de políticas públicas no Brasil: insuficiência de recursos humanos e financeiros para criação e manutenção de infraestrutura; e resistência interna das instituições à mudanças de cultura.

O primeiro obstáculo foi discutido através de análise sobre o VIII Relatório de Rede Integrada de Bancos de Perfis Genéticos (RIBPG), no qual se verificou a própria subutilização de material biológico para obtenção de perfis genéticos, que já era realizado antes da promulgação da Lei 13.964/2019.

As informações trazidas pelo relatório indicam que, apesar de existir uma relação entre o aumento no número de perfis genéticos e o aumento da taxa de coincidência, existe ainda um déficit no país, sobretudo no tocante à insuficiência de infraestrutura de laboratórios, e, consequentemente, de profissionais tecnicamente aptos.

Verificou-se ainda a discrepância entre o número de investigações para as quais foram fornecidas informações oriundas do banco de dados de natureza genética, e a quantidade de sentenças judiciais que efetivamente utilizaram esta circunstância como elemento de fundamentação.

Levando-se em consideração a realidade da administração pública brasileira e os dados estatísticos sobre a utilização de perfis genéticos, tem-se que a Lei 13.964/2019 foi omissa ao não ter estabelecido diretrizes destinadas a aprimorar o uso dos dados já existentes, ao invés de focar tão somente na expansão indiscriminada da coleta de dados genéticos.

Em outras palavras, foi discutido que a norma promulgada precisaria ter respondido os seguintes questionamentos: quais os procedimentos mais eficazes para a coleta de dados genético? Quais materiais devem ser utilizados? É possível a utilização de ferramentas de automação da coleta de amostras, se sim, de que forma? Qual fonte orçamentária financiará as adaptações provocadas pela lei, inclusive em um nível estadual?

A ausência de confronto a esses questionamentos, por parte da Lei 13.964/2019, indica o pouco debate que foi realizado nas instâncias

CAPÍTULO 5
OBSTÁCULOS À IDENTIFICAÇÃO CRIMINAL ATRAVÉS DE COLETA COMPULSÓRIA DE MATERIAL GENÉTICO

autorizadas de produção de norma, reforçando a ideia de que tal alteração legislativa, popularmente chamada de pacote Anticrime, teve a intenção precípua de apresentar rapidamente à sociedade uma resposta ao problema da criminalidade, que no tocante à identificação de perfis genéticos, consubstancia-se na determinação legal de expansão do número de perfis constantes no banco de dados.

Além de eventual ineficiência do sistema, em termos de sua utilização para responsabilização de indivíduos em ações penais, significar a utilização de recursos dos contribuintes em medidas ineficazes, como informado acima, gera ainda um outro problema, de natureza sociológica.

Isto porque, a norma promulgada abre a possibilidade de que as informações constantes em bancos de perfis genéticos possam ser utilizadas para a criação de políticas públicas que, partindo da análise de caracteres genéticos para o enfrentamento de problemas socioeconômicos, conduzam ao fortalecimento de preconceitos sociais em face de certos grupos específicos.

Em detalhes, o §8° do art. 7-C da Lei 12.037/2009, após a promulgação do Pacote Anticrime, passou a dispor que será responsabilizada a pessoa que promover a utilização dos dados genéticos em fim diverso daquele previsto na legislação (que é o de subsidiar investigações criminais), ou previsto em decisão judicial, abrindo-se, portanto, a possibilidade de que decisões prolatadas até mesmo em primeira instância permitam o acesso a esses dados para outros fins, que não a instrução de procedimentos investigativos específicos.

Abrir esta porta pode ser extremamente perigoso, pois o fortalecimento de preconceitos sociais é um elemento que compõe a própria formação das estruturas do estado brasileiro, ainda que não se tenha informação da existência de alguma decisão judicial que até a presente data, valendo-se da alteração legislativa, tenha autorizado o compartilhamento destes dados para outros fins que não a instrução em procedimentos investigativos concretos.

Bibliografia

BRASIL. Rede Integrada de Bancos de Perfis Genéticos. Ministério da Segurança Pública. VIII RELATÓRIO DA REDE INTEGRADA DE BANCOS DE PERFIS GENÉTICOS. Brasília, 2018. 27 p

BRASIL. MINISTÉRIO DA JUSTIÇA E SEGURANÇA PÚBLICA. . Banco Nacional de Perfis Genéticos: uma ferramenta eficiente para elucidação de crimes. 2019. Disponível em: https://www.justica.gov.br/news/collective-nitf-content-1556212211.45. Acesso em: 20 out. 2020.

MACHADO, Leonardo Marcondes. Desafios (estruturais) da segurança pública brasileira. 2019. Disponível em: https://www.conjur.com.br/2019-nov-05/academia-policia-desafios-estruturais-seguranca-publica-brasileira. Acesso em: 20 out. 2020.

OLIVEIRA, Eugênio Pacelli. Processo e Hermenêutica na Tutela Penal dos Direitos Fundamentais. Belo Horizonte; Del Rey, 2004. p. 216.

PROCURADORIA GERAL DA REPÚBLICA. Parecer nº 07/2017 – AJCR/SGJ/PGR - Parecer pelo não provimento do recurso nº 973837/MG ao STF. Brasília, 2018

REINALDO, Guilherme de Negreiros Diógenes. O DISCURSO INQUISITIVO NA JUSTIÇA CRIMINAL POTIGUAR. 2019. 202 f. Dissertação (Mestrado) - Curso de Direito, Universidade Federal do Rio Grande do Norte, Natal, 2019.

CAPÍTULO 5
OBSTÁCULOS À IDENTIFICAÇÃO CRIMINAL ATRAVÉS DE COLETA COMPULSÓRIA DE MATERIAL GENÉTICO

SABOIA, Brenda Schio. INTERVENÇÃO CORPORAL, IDENTIFICAÇÃO CRIMINAL VIA DNA E O PRINCÍPIO DO NEMO TENETUR SE DETEGERE. 2014. 50 f. TCC (Graduação) - Curso de Direito, Pontifícia Universidade Católica do Rio Grande do Sul, Porto Alegre, 2014.

SILVA JÚNIOR, Walter Nunes da. *Curso de Direito Processual Penal:* *Teoria (Constitucional) do Processo Penal*. 02. ed. Natal: Owl, 2014. Edição Kindle.

CAPÍTULO 6

Enrijecimento penal ou necessidade social: uma análise sobre a (in)constitucionalidade da alteração do período máximo de cumprimento da pena privativa de liberdade

Maria Beatriz Maciel de Farias[1]

Ao escrever sobre qualquer tema que verse, direta ou indiretamente, sobre o sistema prisional, se faz necessário compreender, ao menos minimamente, alguns pontos iniciais.

Em primeiro lugar, deve-se ter em mente que os sistemas punitivos não estão dissociados à política e à moral. Consequentemente, não há como avaliá-lo apenas juridicamente, visto que possuem uma ideologia que privilegia a manutenção de um determinado *status quo*.

O segundo ponto a ser destacado, por sua vez, é que o racismo está diretamente relacionado às estruturas de poder dominantes. Isso quer dizer que ele perpassa não só as relações sociais como também as instituições. Isso não seria diferente, é certo, do que ocorre no direito criminal[2]. A segregação racial acaba por ser, conforme aponta Borges (2019), um dos pilares do sistema penal.

---

[1] Graduada em direito pela Universidade Federal do Rio Grande do Norte (UFRN). Pós-graduanda em Direito Tributado pelos Instituto Brasileiro de Estudos Tributários (IBET). Advogada. Pesquisadora voluntária nos grupos "Criminalidade violenta e diretrizes para uma política de segurança pública no estado do Rio Grande do Norte" e "Direito Criminal como corpo normativo constitutivo do sistema de proteção dos direitos e garantias fundamentais, nas perspectivas subjetiva e objetiva", ambos vinculados à Universidade Federal do Rio Grande do Norte.
[2] Direito criminal é entendido como o conjunto dos ramos jurídicos processual penal, penal e criminologia.

CAPÍTULO 6
ENRIJECIMENTO PENAL OU NECESSIDADE SOCIAL: UMA ANÁLISE SOBRE A (IN)CONSTITUCIONALIDADE DA ALTERAÇÃO DO PERÍODO MÁXIMO DE CUMPRIMENTO DA PENA PRIVATIVA DE LIBERDADE

Nada obstante, deve-se relacionar no contexto brasileiro a perda de direitos políticos quando o sujeito passa por uma condenação penal. Tal aspecto, apontado por Alexander (2010), demonstra a forte relação que os direitos políticos exercem com o direito penal: há uma vontade de relegar os sujeitos "desviantes" à cidadãos de segunda classe, cuja participação na sociedade deve ser mínima.

Outra questão que deve ser levada em consideração é que o Brasil é o terceiro país com maior população carcerária do mundo – ficando atrás apenas dos Estados Unidos e China -, com cerca de 812.000 (oitocentas e doze mil) pessoas "atrás das grades". Contudo, segundo dados do Conselho Nacional de Justiça (CNJ), esse número pode ser ainda maior, visto que alguns estados não forneceram seus dados atualizados.

Esses pontos acima destacados já encaminham para algumas indagações: será que no Brasil as pessoas cometem mais crimes? Se sim, por que isso acontece? A desigualdade econômica tem relação com a criminalidade?

O quarto ponto relevante a ser trato é que segundo levantamento do CNJ, quase metade das pessoas em situação de privação de liberdade ainda está aguardando julgamento, sendo assim, consideradas presas provisoriamente.

Ademais, diferentemente do que se tem observado nos países com maiores populações carcerárias, a cada ano o Brasil tem aumentado ainda mais a sua quantidade de presos. Dessa forma, é possível observar que a política do encarceramento em massa tem se fortalecido nacionalmente.

Entretanto, será que a mesma tem se mostrado eficiente e adequada? Será que as normativas constitucionais, legais e internacionais tem sido cumpridas nos estabelecimentos prisionais brasileiros? As alterações legislativas, em especial a lei 13.964/2019, vulgarmente conhecida como Pacote Anticrime, está em consonância com diretrizes punitivistas ou garantistas?

Tais indagações não serão todas respondidas no presente capítulo de forma direta, mas servem como parâmetros para reflexão e compreensão do que será exposto.

O presente capítulo irá se debruçar especialmente sobre uma alteração feita pela lei supra citada, qual seja analisar se o aumento do patamar da pena máxima nas penas privativas de liberdade respeita os direitos fundamentais, as diretrizes constitucionais e poderá ser uma política criminal efetiva.

A metodologia empregada foi a pesquisa exploratória, com pesquisa bibliográfica. Encontra-se baseada, ainda, na análise do discurso empregado pela comunidade jurídico no âmbito do Direito Criminal, e também de estudos sociológicos sobre o tema.

O presente capítulo se desdobrará em três seções: a primeira abordará brevemente o punitivismo brasileiro e isenção do direito criminal. A segunda seção, por sua vez, tratará sobre as funções da pena, abordando qual delas é adotada no Código Penal. Por fim, na terceira seção será discutida a implementação da lei número 13.964/2019, em especial a mudança no patamar de cumprimento máximo da pena privativa de liberdade e sua constitucionalidade.

CAPÍTULO 6
ENRIJECIMENTO PENAL OU NECESSIDADE SOCIAL: UMA ANÁLISE SOBRE A (IN)CONSTITUCIONALIDADE DA ALTERAÇÃO DO PERÍODO MÁXIMO DE CUMPRIMENTO DA PENA PRIVATIVA DE LIBERDADE

1. Punitivismo no Brasil

Ao contrário do que se pensa, é possível imaginar uma sociedade sem prisões. Em verdade, as penitenciárias como conhecemos hoje – ou seja, locais em que os indivíduos cumprem pena – foram ganhando seus moldes hodiernos com o Estado Moderno.

Antes disso, as pessoas apenas aguardavam a execução das suas penas – na maioria das vezes, era aplicada a pena de morte – em masmorras por um breve período de tempo. Quando não, eram executadas ou pagavam com seus corpos logo em seguida à decisão do monarca.

Neste cenário, o direito penal enquanto ciência surgiu como forma de limitar o poder estatal. Contudo, em que pese ser um ramo jurídico, não está isento de reproduzir aspectos discriminatórios. Assim sendo, não há como discorrer sobre penas sem tratar de entender a ideologia[3] por detrás do sistema criminal.

A própria linguagem rebuscada do Direito, com inúmeras expressões técnicas e em latim, é interpretada inclusive como forma de elitizar os detentores do conhecimento. Afinal de contas, linguagem é poder.

Nesse sentido, há um objetivo escondido quando uma ciência jurídico-social, a qual deveria estar mais próxima da sociedade, busca promover e dificultar o entendimento de acompanhamento de processos pelos réus e seus familiares.

Ademais, em que pese vários séculos terem se passado após o fim da vingança privada e dos suplícios como espetáculos, ainda hoje no Brasil

---

[3] Entende-se ideologia neste capítulo como sendo estabelecida na relação entre o indivíduo e a estrutura social. Posto de outra forma, o conjunto de ideias capazes de legitimar a estrutura dominante.

encontramos resquícios de tais práticas. A constante violação de direitos humanos por parte da polícia brasileira é celebrada, inclusive, em filmes de forte apreço nacional. O longa –metragem "Tropa de Elite" é um exemplo disso.

O que se passa na ficção é repetido diariamente nas cidades desta nação. Nem as medidas de isolamento social em decorrência da pandemia de COVID-19 foram capazes de reduzir os registros de morte violenta decorrentes de ações policiais.

Outro exemplo disso é a manutenção da tortura como ato rotineiro do aparato policial, sendo utilizado ainda hoje como mecanismo de vigilância e repressão, não obstante ter-se inúmeras legislações nacionais e internacionais que inibam essa prática, tais quais a lei número 9.455/1997, o art.5º, III, da Constituição Federal e a resolução 217 A (III) da Declaração Universal dos Direitos Humanos.

Percebe-se, dessa forma, a ausência de ruptura de práticas medievais. E não só isso: ao fazer a leitura de dados sobre pessoas presas no Brasil, nota-se de forma escancarada que as prisões daqui possuem cor: a preta.

Em que pese a escravidão tenha sido abolida, ainda está incutido na sociedade nacional sentimentos escravocratas e racistas. Uma pesquisa proposta pelo Instituto Data Popular averiguou que 92% dos brasileiros acreditam que há racismo no Brasil. Mas apenas 1,3% se reconhecem como racistas. Em verdade, o racismo nas terras tupiniquins é um "emaranhado de sutilezas", como bem definiu Beatriz Nascimento.

CAPÍTULO 6
ENRIJECIMENTO PENAL OU NECESSIDADE SOCIAL: UMA ANÁLISE SOBRE A (IN)CONSTITUCIONALIDADE DA ALTERAÇÃO DO PERÍODO MÁXIMO DE CUMPRIMENTO DA PENA PRIVATIVA DE LIBERDADE

Há, ainda, um sentimento incutido na sociedade brasileira de que os negros são indivíduos "pelos quais deve se nutrir medo, e portanto sujeitos à repressão" (BORGES, 2019).

Diante de tudo que fora exposto, percebe-se que o sistema punitivista, especialmente o brasileiro, não se encontra alheio à política nem à moral, pelo contrário. Possuem uma ideologia ligada a manutenção de determinados grupos no poder.

Tal aspecto justifica também a escolha de certas ações serem consideradas ilícitos criminais com penas mais duras e outras não. Óbvio que tais aspectos podem e vão ser revestidos de argumentos jurídicos e de melhor convivência social. Contudo, deve-se sempre tem em mente a presença da subjetividade nas escolhas dos tipos penais.

Dessa maneira que ao se discutir políticas mais severas criminais, sem qualquer discussão sobre desencarceramento e utilizando a lógica do terro e combate à criminalidade, tem-se a manutenção de práticas racistas.

Conclui-se que pensar no enrijecimento penal como forma de solucionar ou diminuir a violência é defender que pretos continuem sendo aprisionados e controlados pelo poder estatal. Contudo, tal aspecto não se encerra por aqui e será também aprofundado nos demais tópicos.

2. As funções da pena e suas justificativas

Antes de discutir a mudança legislativa no patamar da pena máxima privativa de liberdade, promovida pela lei 13.964 /2019, urge abordar as funções que a pena desempenhou e desempenha na sociedade.

A partir deste estudo será possível entender a legitimidade ou não – sob o ponto de vista jurídico e social – do aumento máximo da pena privativa de reclusão.

Isto posto, deve-se ter em mente que a função que a pena exerce não é invenções da atualidade. Foram vários doutrinadores ao longo de ano que buscaram atender os anseios sociais para criarem novas formas de punir e diminuir o cometimento de ilícitos.

Para alguns estudiosos, o surgimento da pena se mistura com o do ser humano e do Estado (TELES; SÉLLOS e SANTOS, 2013). Não haveria como, dessa forma, traçar um marco temporal preciso do seu nascimento.

É fundamental destacar que neste capítulo não será abordada a origem da pena, mas sim da sua função e qual dela(s) é (são) adotada(s) pelo direito pátrio. Contudo, se fez necessário discorrer minimamente sobre o surgimento da pena para demonstrar que a ausência de um marco de origem exato impossibilita também a delimitação histórica da sua função.

Em decorrência disso, escolheu-se no presente estudo elencar, de forma breve, três funções da pena para que apenas posteriormente seja feita a discussão da alteração legislativa proposta pela lei 13.964/2019.

A primeira é defendida pela teoria retributiva, segundo a qual a pena tem o papel de retribuir com a sanção, o mal causado pela infração. Ela surgiu no Estado Absolutista – o qual possui como forte característica a ausência de dissolução da figura do governante, do Estado e da Igreja. Busca-se, nesse momento, a justiça e não uma função social propriamente.

Disso se desprende que a pena é uma consequência justa e necessária, uma necessidade ética, um imperativo categórico, nos dizeres de

CAPÍTULO 6
ENRIJECIMENTO PENAL OU NECESSIDADE SOCIAL: UMA ANÁLISE SOBRE A (IN)CONSTITUCIONALIDADE DA ALTERAÇÃO DO PERÍODO MÁXIMO DE CUMPRIMENTO DA PENA PRIVATIVA DE LIBERDADE

Kant. Ademais, os principais pontos da mesma são a aplicação de um castigo, a secundariedade que a vítima possui e o poder do Estado.

A segunda teoria, por sua vez, é denominada de preventiva e busca, por meio da pena, evitar a prática de uma infração penal. Dessa maneira, procura evitar, por meio da inibição, a prática de crimes. Outrossim, ela se subdivide em prevenção geral e prevenção especial.

Na geral, a mensagem principal de não cometer crime era passada para a sociedade como um todo, sem o apego à retribuição e não se preocupava em evitar que o apenado voltasse a delinquir.

Já a prevenção especial opõe-se a anterior no aspecto de ter sua atenção voltada para o indivíduo desviante – que rompeu com normas sociais e jurídicas e praticou um ilícito. Assim, o objetivo é evitar que o penalizado não cometa novos crimes.

Como última teoria, tem-se a denominada mista, unificadora ou eclética. Por meio da junção da teoria retributiva e da preventiva que haveria a justificativa da pena. Consequentemente, a pena justifica-se, ao mesmo tempo, pela retribuição da culpabilidade do agente, pela necessidade de promover a sua ressocialização, bem como pela intenção de prevenção geral.

Mas, afinal, qual a função da pena adotada no contexto brasileiro? Essa indagação será respondida adiante.

2.1 Função da pena no Código Penal Brasileiro

No Brasil, a teoria adotada pelo Código Penal brasileiro foi a mista ou unificadora. Tal aspecto é percebido no texto contido do artigo 59, caput, dessa legislação. De acordo com o dispositivo, o magistrado, ao decidir pela pena a ser aplicada ao caso concreto, deve ter por base dois objetivos: a reprovação e a prevenção do crime. Ademais, também a adoção dessa teoria foi reforçada no art. 1º da Lei n.º 7.210/1984 – a Lei de Execução Penal.

Assim, não há grandes discussões doutrinárias sobre a função da pena e o porquê dela ser empregada nos moldes que é no ordenamento pátrio.

Dito isto, é possível no presente momento entender e discutir sobre a mudança acarretada pelo "Pacote Anticrime".

3. O "Pacote Anticrime"

Ab initio, para discutir mudanças legislativas criminais, é necessário ter em mente determinadas premissas. O Brasil tem o Código de Processo Penal (CPP) e o Código Penal (CP) vigentes há quase 80 (oitenta) anos. No período em que ambas as normativas foram escritas (Estado Novo), havia uma tendência inquisitiva fortíssima e mesmo com as alterações legislativas sofridas ao longo dos anos, ainda está presente na atualidade fortes aspectos desse sistema processual penal.

Não há, ainda hoje, um reforma profunda na justiça criminal capaz de fomentar verdadeiramente as premissas de um Estado Democrático de Direito. Ao longo dos anos, reformas tópicas foram ocorrendo nessas legislações, o que acabou por gerar um sistema esquizofrênico que ora se alinha aos direitos fundamentais mas em outros momentos se contradiz e busca a punição a qualquer custo.

De acordo com González Postigo (2017), o Brasil é o único país da América Latina que ainda possui um CPP inquisitório. Mas, afinal, o que isso quer dizer?

CAPÍTULO 6
ENRIJECIMENTO PENAL OU NECESSIDADE SOCIAL: UMA ANÁLISE SOBRE A (IN)CONSTITUCIONALIDADE DA ALTERAÇÃO DO PERÍODO MÁXIMO DE CUMPRIMENTO DA PENA PRIVATIVA DE LIBERDADE

De forma simplificada, o sistema inquisitório remonta à Inquisição. Nele, o magistrado exerce a função de ser parte, investigar, dirigir, acusar e julgar o processo – como bem aponta Khaled (2010). Nessa sistemática, a confissão é a prova máxima, podendo ser obtida sob qualquer meio. Havia a dispensa da cognição e do uso de critérios objetivos, o que torna o processo com uma carga subjetiva expressiva (LOPES JR., 2005). Ademais, a prisão era a regra e o corpo do acusado ficava à disposição do juiz.

Os anos se passaram e a modernidade trouxe o surgimento da codificação. As arbitrariedades do período absolutista passaram a não mais serem toleradas, e o sistema criminal teve uma reforma de pensamento. Houve uma racionalização do poder punitivo, na qual o mesmo passou a ser utilizado de forma limitada e restrita.

Entretanto, ainda hoje o CPP e o CP brasileiros apresentam fortes traços inquisitivos. Sabe-se que uma reforma legislativa pura e simples não é capaz de revolucionar o sistema criminal. Contudo, a ausência de ruptura com práticas judiciais autoritárias impede que o se avance com debates e posturas mais efetivas para diminuir a criminalidade.

Isto posto, o Pacote Anticrime se apresentou como mais uma medida de reforma do sistema de maneira superficial. Contudo, não há como debatê-lo sem antes trazer alguns fatos histórico-sociais que contribuíram para a sua aprovação.

O Brasil tem enfrentado uma crise política nos últimos anos, seja em decorrência da instabilidade no executivo federal ou nos escândalos de corrupção e desvio de verbas públicas. Tal contexto culminou em um terreno fértil para a difusão de ideias punitivistas, diante das quais há uma maximização do Direito Criminal.

Sob o comando de Jair Bolsonaro, o Governo Federal – representado pelo Ministério da Justiça e Segurança Pública – apresentou várias medidas que alterariam, especialmente, o CPP, CP, a Lei de Execução Penal (LEP), Código Eleitoral e a Lei de Improbidade Administrativa. Essa proposta tinha como principal objetivo combater a corrupção, o crime organizado e a violência.

No presente capítulo será debruçado especificamente sobre o aumento do patamar da pena máxima de prisão de 30 (trinta) para 40 (quarenta) anos e no que isso pode acarretar na política criminal nacional.

3.1 Discussão sobre a constitucionalidade da alteração do patamar do período de cumprimento da pena privativa de liberdade

Em diapasão com o que fora exposto no tópico anterior, o objetivo neste momento do estudo é analisar a alteração do patamar do período de cumprimento da pena privativa de liberdade em 10 (dez) anos, medida essa que foi apresentada e defendida pelo Ministro do Supremo Tribunal Federal Alexandre de Moraes.

Conforme já exposto, o Código Penal brasileiro é datado de 1940. Dessa forma, seus artigos foram escritos em consonância com a realidade da época. Debruçando de forma específica sobre o patamar de tempo máximo de cumprimento de pena privativa de liberdade, foi estabelecido no artigo 75 desta normativa, dispondo que o mesmo não poderia ultrapassar o limite de 30 (trinta) anos.

Em 1988 ocorreu a promulgação da Constituição Federal que encontra-se em vigência até hoje. Em razão dela, vários dispositivos de todos os ramos do direito passaram a ter outra interpretação.

CAPÍTULO 6
ENRIJECIMENTO PENAL OU NECESSIDADE SOCIAL: UMA ANÁLISE SOBRE A (IN)CONSTITUCIONALIDADE DA ALTERAÇÃO DO PERÍODO MÁXIMO DE CUMPRIMENTO DA PENA PRIVATIVA DE LIBERDADE

Os direitos fundamentais começaram a ser um dos nortes de aplicação do direito e os princípios ganharam força normativa comparada às leis.

Dito isto, por mais que tenha entrado em vigor antes da Constituição Federal (CF) de 1988, as normas previstas no CP passaram por uma análise de adequação aos anseios constitucionais. Exemplo disso é que passou a ser previsto na CF a proibição da pena de caráter perpétuo - artigo 5º, XLVII, b.

Dessa forma, observa-se que não foi estabelecido na Lei Maior um limite objetivo de quantos anos corresponderia uma pena de caráter perpétuo, tendo tal dispositivo forte carga subjetiva.

Em verdade, a essência do dispositivo é de proibir penas que sejam tão longas ao ponto de que se uma pessoa ficar presa por aquele período, não sairá da prisão com vida.

Diante do que fora exposto, com o advento da lei 13.964/2019, o artigo 75 do Código Penal foi modificado para a seguinte redação:

> Art. 75. O tempo de cumprimento das penas privativas de liberdade não pode ser superior a 40 (quarenta) anos.
> § 1º Quando o agente for condenado a penas privativas de liberdade cuja soma seja superior a 40 (quarenta) anos, devem elas ser unificadas para atender ao limite máximo deste artigo.

Nota-se, portanto, em consonância com os aspectos mencionados anteriormente, o aumento em 10 (dez) anos do patamar máximo da pena privativa de liberdade.

Mas será que essa alteração encontra-se em consonância com os preceitos constitucionais? Isso que será estudado no presente momento. O debate sobre sua possível eficácia social será debatido nos tópicos seguintes.

É certo mencionar que a Constituição não previu a quantidade de anos como limite objetivo para o cumprimento de penas privativas de liberdade.

Desta feita, defende-se aqui que não há que se falar em inconstitucionalidade material – ou seja, preceitos legais incompatíveis com normas constitucionais. Assim, em que pese seja discutível do ponto de vista criminológico a eficácia dessa medida ao combater a criminalidade, entende-se que legalmente não há qualquer impedimento para a sua manutenção no sistema jurídico.

Contudo, há quem entenda de forma diferente. Para alguns, a imposição de uma pena acima do patamar de 30 (trinta) anos se revelaria inconstitucional por violar o princípio da humanidade, da dignidade da pessoa humana e iria de encontro com a proibição de penas de caráter perpétuo.

Entretanto, aqui defende-se que tal argumento não deve prosperar. Isso porque não há um patamar objetivo constitucional que se defina o que é propriamente uma pena de caráter perpétuo. Mas tão somente aspectos subjetivos.

Em que pese no presente estudo não se concordar com a alteração legislativa, não há como prosperar o argumento da inconstitucionalidade em decorrência da violação de princípios constitucionais.

Outrossim, os defensores dessa medida alegam que quando o Código Penal entrou em vigor, a expectativa de vida de um brasileiro era de aproximadamente 41 (quarenta e um) anos. Seria, dessa forma, uma adequação legislativa necessária em consonância com os anseios sociais.

CAPÍTULO 6
ENRIJECIMENTO PENAL OU NECESSIDADE SOCIAL: UMA ANÁLISE SOBRE A (IN)CONSTITUCIONALIDADE DA ALTERAÇÃO DO PERÍODO MÁXIMO DE CUMPRIMENTO DA PENA PRIVATIVA DE LIBERDADE

De acordo com o senso feito em 2020, a expectativa de vida aumentou para 76,3 (setenta e seis virgula três) anos. O que justificaria, ao menos à primeira vista, o aumento da pena máxima.

Portanto, tal alteração legislativa, não apresenta aspectos de inconstitucionalidade. Contudo, a discussão sobre a sua eficácia será feita no próximo tópico deste capítulo.

3.2 Aumentar a pena resulta na diminuição da criminalidade?

Anteriormente foi discutida a constitucionalidade do aumento do patamar da pena privativa de liberdade. Contudo, em que pese ter-se chegado a conclusão pela consonância dos parâmetros constitucionais de alteração do art. 75 do Código Penal, discute-se no presente momento se os argumentos apresentados para a implementação de tais medidas são eficazes socialmente e podem, possivelmente, resultar na diminuição da criminalidade.

Disto isto, o primeiro ponto a ser estudado diz respeito ao fundamento justificante do aumento do patamar segundo o qual a expectativa de vida do brasileiro teria aumento. Tal argumento é falacioso. Explica-se: de acordo com quem defende esse posicionamento, se a expectativa de vida aumentou, nada mais coerente ter a ampliação do limite máximo de cumprimento de pena em 10 anos. Nessa linha, o que correspondia a 30 anos de cumprimento de pena na década de 40, corresponderia hoje a 40 anos.

Aqui não se discute se a premissa da expectativa de vida dos brasileiros ter aumentado ou não. Dados comprovam que houve sim esse aumento. Contudo, entende-se que o mesmo por si só não justifica o aumento da pena privativa de liberdade.

Em que pese ter servido de ponto fundamental na reforma da previdência, argumenta-se que na esfera penal tal correspondência não deve prevalecer. Isso porque, nas palavras Yarochewsky e Magalhães (2019), "pouco importa se o indivíduo vai viver até 45 ou 75 anos. Trinta anos de prisão serão sempre 30 anos de prisão".

A expectativa de vida de alguém privado de liberdade é menor do que alguém sem nenhuma restrição penal. Ademais, para fins penais, a questão da perspectiva de tempo de vida não serve para agravar e endurecer as penas impostas ao indivíduo. Serve tão somente como fundamento para um abrandamento com base no artigo 230 da Constituição.

Ademais, tal política criminal reflete uma escolha ultrapassada de resolver conflitos por meio de enrijecimento penal. Conforme fora exposto na introdução, o Brasil é o único país dos que mais possui encarcerados que vê sua população carcerária crescer a cada ano.

Segundo Borges (2019), se mantivermos esse ritmo de crescimento, em 2075, uma em cada dez pessoas brasileiras vai estar cumprindo pena de privação de liberdade.

Ao invés de fomentarem medidas de desencarceramento, redução da reincidência e incentivos na educação, o que se vê é o estímulo a políticas criminais que há anos não demonstram resultados expressivos, pelo contrário, a superlotação carcerária se faz ainda mais presente atualmente. E não só ela: os índices de criminalidade violenta continuam extremamente altos, conforme o Anuário Brasileiro de Segurança Pública.

CAPÍTULO 6
ENRIJECIMENTO PENAL OU NECESSIDADE SOCIAL: UMA ANÁLISE SOBRE A (IN)CONSTITUCIONALIDADE DA ALTERAÇÃO DO PERÍODO MÁXIMO DE CUMPRIMENTO DA PENA PRIVATIVA DE LIBERDADE

Para Ferrajoli (2001), independentemente do crime, a pena não deveria ultrapassar 10 (dez) anos. Isso porque a ideia de retornar à liberdade depois de um breve e não após um longo ou um interminável período tornaria sem dúvida mais tolerável e menos alienante a reclusão.

No presente estudo se defende que a prisão nos moldes como é aplicada, não é medida capaz de reduzir, por si a criminalidade. Em verdade e em consonância com o pensamento de Davis (2019), a prática do encarceramento em massa acaba por funcionar ideologicamente como depósito de indesejados, retirando da sociedade a responsabilidade de reflexão sobre as verdadeiras questões que afligem as comunidades das quais os prisioneiros são oriundos.

Concluindo, percebe-se a ausência de efetividade de políticas punitivistas, as quais propagam o enrijecimento das penas e do direito criminal com o fito de diminuir a criminalidade.

Considerações finais

O Sistema Criminal brasileiro precisa de reformas urgentes. Não mudanças legislativas superficiais, mas uma verdadeira nova forma de pensamento. Isso porque o modelo processual e material penal estar voltado fortemente a uma lógica racista que busca, por meio do encarceramento e da violência policial, marginalizar a população negra.

O modelo atual, seja das penitenciárias ou do sistema jurídico, se encontra altamente defasado: prende-se muito e pouco se faz para que o indivíduo seja realmente reintegrado da sociedade – se é que ele fez parte verdadeiramente algum dia.

A população carcerária brasileira, conforme dados apontados ao longo deste capítulo é negra e possui origem pobre. A lógica em punir essas pessoas não é isenta de controles sociais de manutenção de um *status quo*.

Isto posto, não há como se pensar que reformas legislativas, em especial o aumento do patamar máximo de cumprimento de privação de liberdade, possa verdadeiramente revolucionar o cenário prisional brasileiro.

Pelo contrário! Em que pese tal mudança ser constitucional, a mesma apenas reitera uma lógica punitivista de aumentar a penitência e o castigo daqueles que romperam com as normas penais.

Ademais, a pena possui função de prevenção e retribuição no direito brasileiro. Contudo, em que pese a alteração no art. 75 do CP ser legítima, legal e constitucional, corresponde a uma lógica falida.

A política de encarceramento em massa em nada tem se mostrado eficiente em diminuir as taxas de criminalidade e de mortes violentas. Para que isso ocorra, é necessário um conjunto de ações que ultrapassando o ramo jurídico.

Outros modelos de penitenciárias já têm se revelado como mais efetivos na redução da reincidência. Bem como projetos que promovem a educação e o trabalho para pessoas em situação de privação de liberdade.

Outrossim, o fato de a população brasileira estar vivendo mais não é uma justificativa plausível para uma política de enrijecimento penal. O direito criminal e o aumento da expectativa de vida são esferas que não devem se misturar. A pena, ao menos em cenário nacional, não tem como função acompanhar a expectativa de vida.

CAPÍTULO 6
ENRIJECIMENTO PENAL OU NECESSIDADE SOCIAL: UMA ANÁLISE SOBRE A (IN)CONSTITUCIONALIDADE DA ALTERAÇÃO DO PERÍODO MÁXIMO DE CUMPRIMENTO DA PENA PRIVATIVA DE LIBERDADE

Portanto, em que pese a alteração no artigo 75 do Código Penal ser juridicamente viável, a mesma não é eficiente para romper com o ciclo da criminalidade e assim provocar mudanças efetivas no cenário penal.

Bibliografia

ALEXANDER, Michelle. A nova segregação: racismo e encarceramento em massa. São Paulo: Boi Tempo, 2018.

ALBERGARIA, Jason. Das Penas e da Execução Penal. 3 ed. Belo Horizonte: DelRey, 1996, p. 20.

BARATTA, Alessandro. Criminologia Crítica e Crítica do Direito Penal: Introdução à Sociologia do Direito Penal. 3 ed. Rio de Janeiro: Revan, 2002. p. 89.

BECCARIA, Cesare Bonesana. Dos delitos e das penas. Tradução J. Cretella Júnior, Agnes Cretrella. 2. ed. ver. e ampl., 2. tir. São Paulo: Revista dos Tribunais.

BITENCOURT, Cezar Roberto. Tratado de Direito Penal: parte geral. 12 ed. São Paulo: Saraiva, 2008.

BORGES, Juliana. Encarceramento em massa. 1 ed. São Paulo: Sueli Carneiro; Pólen, 2019.

DAVIS, Angela. Estarão as prisões obsoletas? 3 ed. Tradução: Marina Vargas. Rio de Janeiro: Difel, 2019.

DAVIS, Angela. Mulheres, cultura e política. São Paulo: Boitempo Editorial, 2017.

DEPARTAMENTO PENITENCIÁRIO NACIONAL. Levantamento Nacional de Informações Penitenciárias. In: Levantamento Nacional de Informações Penitenciárias. 2019. Disponível em: https://app.powerbi.com/view?r=eyJrIjoiZTlkZGJjODQtNmJlMi00OTJhL WFlMDktNzRlNmFkNTM0MWI3IiwidCI6ImViMDkwNDIwLTQ0NGM tNDNmNy05MWYyLTRiOGRhNmJmZThlMSJ9. Acesso em: 10 out. 2020.

FERRAJOLI, Luigi. *Direito e razão: teoria do garantismo penal*. Trad. Ana Paula Zomer, Fauzi Hassan Choukr, Juarez Tavares e Luiz Flávio Gomes. São Paulo: Revista dos Tribunais, 2001, p. 323.

FOUCAULT, Michel. Vigiar e Punir: história da violência nas prisões. Tradução de Raquel Ramalhete. 41. ed Petrópolis: Vozes, 2013.

GHIGGI, Marina Portella. O cárcere e o envelhecimento do preso. Disponível em: https://canalcienciascriminais.jusbrasil.com.br/artigos/185174319/o-carcere-e-o-envelhecimento-do-preso. Acesso em: 7 out. 2020.

IBGE. Expectativa de vida dos brasileiros aumenta para 76,3 anos em 2018. Disponível em: https://censo2021.ibge.gov.br/2012-agencia-de-noticias/noticias/26103-expectativa-de-vida-dos-brasileiros-aumenta-p ara-76-3-anos-em-2018.html. Acesso em: 7 out. 2020.

IPEA. Fórum Brasileiro de Segurança Pública. Atlas da violência 2019.

IPEA. Fórum Brasileiro da Segurança Pública. Anuário Brasileiro da Segurança Pública 2020.

KHALED JUNIOR, Salah Hassan. O Sistema Processual Penal brasileiro: acusatório, misto ou inquisitório? Disponível em: https://www.conjur.com.br/2019-dez-20/opiniao-pena-maxima-40-anos-pacote-anticrime-vetadahttps://ww w.redalyc.org/pdf/742/74221650008.pdf. Acesso em: 12 out. 2020.

LOPES JR., Aury. Introdução crítica ao processo penal: fundamentos da instrumentalidade garantista. 2. ed. Rio de Janeiro: Lumen Juris, 2005.

MAGALHÃES, Leonardo Isaac Yarochewsky; NEUESCHWANDER, Luiza Luz Soares. Pena máxima de 40 anos do pacote anticrime deve ser vetada pelo presidente. Disponível em: https://www.conjur.com.br/2019-dez-20/opiniao-pena-maxima-40-anos-pacote-anticrime-vetada#author. Acesso em: 5 out. 2020.

CAPÍTULO 6
ENRIJECIMENTO PENAL OU NECESSIDADE SOCIAL: UMA ANÁLISE SOBRE A (IN)CONSTITUCIONALIDADE DA ALTERAÇÃO DO PERÍODO MÁXIMO DE CUMPRIMENTO DA PENA PRIVATIVA DE LIBERDADE

MENEZES, Isabela Pessôa de Holanda. Vão morrer na rua igual barata: uma análise do recrudescimento do estado penal a partir do pacote anticrime. Disponível em: https://repositorio.ufpb.br/jspui/bitstream/123456789/16581/1/IPHM04102019.pdf. Acesso em: 5 out. 2020.

NETO, Inacio de Carvalho. Aplicação da Pena. 2 ed. Rio de Janeiro: Editora Forense, 2003.

RIBEIRO, Djamila. Pequeno manual antirracista. 1 ed. São Paulo: Companhia das Letras, 2019.

SILVA JÚNIOR, Walter Nunes da. Reforma Tópica do processo penal: inovações aos procedimentos ordinário e sumário, com o novo regime de provas, principais modificações do júri e as medidas cautelares pessoais (prisão e medidas diversas da prisão). 2ª ed. Rio de Janeiro: Renovar, 2012.

SIQUEIRA, Galdino. Tratado de Direito Penal. Rio de Janeiro: José Konfino, 1947. T. III, 4v.

VELASCO, Clara. Nº de pessoas mortas pela polícia cresce no Brasil no 1º semestre em plena pandemia; assassinatos de policiais também sobem. Disponível em: https://g1.globo.com/monitor-da-violencia/noticia/2020/09/03/no-de-pessoas-mortas-pela-policia-cresce-no-brasil-no-1o-semestre-em-plena-pandemia-assassinatos-de-policia-is-tambem-sobem.ghtml. Acesso em: 5 out. 2020.

WIEVIORKA, M. O racismo, uma introdução. Trad. Fany Kon. São Paulo: Perspectiva, 2007.

ZIZEK, Slavoj. O espectro da ideologia. Trad. Vera Ribeiro. Rio de Janeiro: Contraponto Editora, 2013.

CAPÍTULO 7

A prisão preventiva e sua natureza cautelar: modificações normativas e aspectos relevantes acerca do instituto processual penal

Fernando Wallace Ferreira Pinto[1]

Dentro do ordenamento jurídico advindo da Constituição de 1988 existem diversos tipos de institutos que refletem seus efeitos diretamente na liberdade individual. A prisão preventiva, dentre esses institutos, é o escopo do presente capítulo.

Os cerceamentos das liberdades individuais através das prisões se tratam do meio mais gravoso possível dentro do sistema jurídico brasileiro imposto a um indivíduo, além de serem institutos antigos e tradicionalmente pertencentes à cultura jurídica no Brasil.

Dentro do universo das prisões, atualmente, existem diversas espécies, tais como: prisão em flagrante, prisão temporária e prisão preventiva dentre outras, conforme será abordado adiante.

A necessidade de análise acerca das modificações normativas e demais aspectos relevantes sobre prisão preventiva surge, sobretudo tendo

---

[1] Advogado. Mestrando em Direito pela UFRN. Especialista em Direito Penal e Direito Processual Penal, bem como em Direito do Trabalho e Direito Processual do Trabalho, ambos pela UNIRN. Bacharel em Direito pela UFRN. Bacharel em História pela UFRN. Atualmente integrante do grupo de pesquisa "O Direito Criminal como corpo normativo construtivo do sistema de proteção dos direitos e garantias fundamentais, nas perspectivas subjetiva e objetiva", sob a coordenação do professor Dr. Walter Nunes, no âmbito da UFRN.

CAPÍTULO 7
A PRISÃO PREVENTIVA E SUA NATUREZA CAUTELAR: MODIFICAÇÕES NORMATIVAS E ASPECTOS RELEVANTES ACERCA DO INSTITUTO PROCESSUAL PENAL

em vista a alteração legislativa decorrente do designado Pacote Anticrime, promulgado por meio da Lei 13.964 de 24 de dezembro de 2019, referente ao projeto de lei 10.372/18.

A Constituição da República Federativa do Brasil de 1988 plasmou especial proteção aos direitos fundamentais, com o direito de liberdade positivado de modo analítico, assegurando a todos o direito de liberdade e permitindo apenas excepcionalmente, sua supressão antes da condenação definitiva.

Nesse contexto, a conformação legislativa dos preceitos constitucionais sobre a temática merece uma análise dogmática, a fim de possibilitar a compreensão sobre o instituto jurídico da prisão preventiva como uma medida cautelar para supressão da liberdade individual.

1. Espécies de prisão para melhor entendimento das características da prisão preventiva.

Para um melhor entendimento acerca da prisão preventiva, impende colocar outros institutos similares, mas essencialmente diferentes da mesma, permitindo-se de tal modo se distinguir as várias espécies de prisões, bem como justificar a escolha da prisão preventiva para a escrita do presente capítulo.

A prisão em flagrante, na forma preconizada originalmente pelo Código de Processo Penal (CPP), nas hipóteses de crimes inafiançáveis, detinha o condão de cercear a liberdade do indivíduo durante todo o curso do processo penal (independentemente de estarem presentes, ou não, os fundamentos para a decretação da prisão preventiva).

Nessa sistemática da redação originária do CPP, o magistrado tinha apenas o compromisso de examinar a legalidade da prisão em comento, pelo que devidamente atendidos os termos formais do Código de Processo Penal, deveria o juiz mantê-la, mediante decisão homologatória da prisão em flagrante delito.

Nesse sentido, destaca-se que a expressão flagrante deriva do latim *"flagrare"* (queimar), e *"flagrans"*, *"flagrantis"* (ardente, brilhante, resplandecente) que significa acalorado, evidente, notório, visível, manifesto, conforme aponta Renato Brasileiro Lima (2013).

Segundo Fernando da Costa Tourinho Filho (2005, p. 595), a prisão em flagrante é uma prisão provisória, com o escopo de deter pessoa que cometeu uma infração penal, para garantir a instrução probatória do crime, assim como para manter a ordem social em face do ato praticado, enquadrando tal prisão como medida cautelar.

Na mesma senda, sobre a prisão em flagrante, Guilherme de Souza Nucci (2014, p. 534) aponta que sua natureza jurídica é de medida cautelar, como uma segregação provisória do autor da infração penal, sendo pois apenas exigida a aparência da tipicidade e nenhuma valoração acerca da ilicitude e culpabilidade, ou seja, o *fumus comissi delicti*.

Contudo, em nossa percepção, ambos pensamentos, tanto o de Tourinho Filho, quando o de Nucci, encontram-se equivocados, porquanto a prisão em flagrante se trata de ato administrativo efetivado pela Polícia, ente incubido de zelar pela ordem pública, distinguindo-se de modo claro de uma prisão de natureza cautelar.

Portanto, trata-se da infração penal que está ocorrendo ou na iminência de ocorrer. Em termos dogmáticos, como visto, verifica-se que a

CAPÍTULO 7
A PRISÃO PREVENTIVA E SUA NATUREZA CAUTELAR: MODIFICAÇÕES NORMATIVAS E ASPECTOS RELEVANTES ACERCA DO INSTITUTO PROCESSUAL PENAL

prisão em flagrante se trata de ato administrativo, prescindível de autorização judicial, e, iniciando-se com a detenção do autor do delito, e sua consequente condução coativa à presença da autoridade judicial, convertendo-se a partir de então em ato judicial (LIMA, 2013).

É de se salientar ainda no que se refere à prisão em flagrante, que nos casos dos crimes inafiançáveis não havia a previsão de concessão da liberdade provisória. No sentido da liberdade do indivíduo o magistrado poderia apenas decretar o relaxamento da prisão, em face da existência de vício de ilegalidade na forma como se deu a prisão em flagrante.

Contudo, houve um abrandamento no instituto da prisão em flagrante, por meio da Lei nº 6.416, de 1977, a qual inseriu um parágrafo único ao art. 310 do CPP, determinando que em todos os casos de prisão em flagrante, acaso o juiz, caso não verificasse a presença dos fundamentos que autorizavam a decretação da prisão preventiva, deveria, após ouvir o Ministério Público, conceder, independentemente de pagamento da fiança, a liberdade provisória ao preso. Com isso, a legalidade da prisão em flagrante deixou de ser fundamento para a manutenção da pessoa no cárcere, servindo propriamente apenas para validade da captura de quem era pego no momento da prática do ilícito.

Por essa razão, no presente trabalho não se analisará a prisão em flagrante, posto que tal instituto atualmente é adequado e controlável no ordenamento jurídico brasileiro vigente por meio das audiências de apresentação, ou como alguns designam: "audiência de custódia".

A prisão temporária cabe destacar, conforme preleciona Silva Júnior (2015), foi fruto de uma modificação no sistema de prisões promovida pelo legislador infraconstitucional após a edição da Constituição da República Federativa do Brasil de 1988, a qual criou um tipo de medida cautelar prisional, designada de prisão temporária, por meio da Lei nº 7.960, de 21 de dezembro de 1989. A preocupação do legislador, colocada na exposição de motivos da lei em referência, foi suprir a lacuna deixada pela revogação da incomunicabilidade (no art. 21, caput e parágrafo único, CPP), em virtude do art. 136, §3o, IV, da Constituição.

O legislador, dissociado do paradigma constitucional, manteve aquilo que Silva Júnior (2015) denomina de cultura da prisão e, por linhas transversas, a lógica do sistema: ou o tudo, a prisão, ou o nada, a liberdade.

Merece registro que existiram, no ordenamento jurídico brasileiro, diversas outras espécies de prisão, a saber: prisão decorrente da decisão de pronúncia e prisão resultante de sentença penal condenatória recorrível. Tais espécies já sofreram substanciais modificações, tais como em face da Lei nº 5.941, de 1973, que modificou as redações dos artigos 408, § 2º, e 594, Caput, do Código de Processo Penal, positivando que, em caso de decisão de pronúncia ou de sentença condenatória passível de recurso, a prisão somente deveria ser decretada nas hipóteses em que o acusado for considerado de maus antecedentes ou for reincidente.

A Lei em referência alterou, ainda, o Caput do art. 596, a fim de ressaltar que "A apelação da sentença absolutória não impedirá que o réu seja posto imediatamente em liberdade", haja vista que anteriormente à vigência da Lei em comento, na hipótese de interposição de recurso de apelação pelo Ministério Público, um dos efeitos seria o recolhimento do apelado à prisão.

Sobre tais espécies de prisão (prisão decorrente da decisão de pronúncia e prisão resultante de sentença penal condenatória recorrível)

CAPÍTULO 7
A PRISÃO PREVENTIVA E SUA NATUREZA CAUTELAR: MODIFICAÇÕES NORMATIVAS E ASPECTOS RELEVANTES ACERCA DO INSTITUTO PROCESSUAL PENAL

calha ainda consignar, a modificação decorrente da chamada Reforma Tópica de 2008, conforme anota Silva Júnior (2019), que abrandou a intervenção no direito de liberdade, positivando a necessidade dos fundamentos para a decretação da prisão preventiva para eventual imposição de prisão ao acusado pronunciado ou condenado. Assim, não existe interesse de analisar tais espécies no presente trabalho de maneira analítica, porquanto devidamente adequadas ao ordenamento jurídico engendrado pela Constituição da República Federativa do Brasil de 1988.

A prisão após a segunda instância, anteriormente praticada pelo que restou decidido pelo Supremo Tribunal Federal no ano de 2016, no julgamento *Habeas Corpus* 126.292, de relatoria do Ministro do Supremo Tribunal Federal Teori Zavascki, sofreu modificação.

No final do ano de 2019, precisamente na data de 7 de novembro, o plenário do STF julgou a temática referente a possibilidade ou não da prisão após condenação em 2ª instância. Por uma maioria apertada, especificamente por seis votos contra cinco, o STF se posicionou pela impossibilidade da execução provisória da pena após decisão condenatória confirmada em segunda instância.

O Julgamento foi deflagrado em torno das Ações Declaratórias de Constitucionalidade números 43, 44 e 54, ajuizadas pelo Partido Ecológico Nacional (PEN), atualmente designado de Patriota, o Conselho Federal da OAB e o Partido Comunista do Brasil (PCdoB), no escopo de avaliar a constitucionalidade do artigo 283 do CPP, que impunha entre as condições para a prisão, o trânsito em julgado da sentença condenatória.

Cabe apontar a redação do artigo 283 do CPP, que até 23 de dezembro de 2019 positivava que *"ninguém poderá ser preso senão em flagrante delito ou por ordem escrita e fundamentada da autoridade judiciária competente, em decorrência de sentença condenatória transitada em julgado ou, no curso da investigação ou do processo, em virtude de prisão temporária ou prisão preventiva"*.

Com a Lei 13.964 de 24 de dezembro de 2019, houve modificação na redação do artigo 283, passando conter o seguinte teor: *"Ninguém poderá ser preso senão em flagrante delito ou por ordem escrita e fundamentada da autoridade judiciária competente, em decorrência de prisão cautelar ou em virtude de condenação criminal transitada em julgado"*.

É de ressaltar que a modificação legislativa operada sobre o CPP se coaduna com o julgamento do STF sobre a prisão após segunda instancia, haja vista que a alteração operada Lei 13.964 de 24 de dezembro de 2019, ocorreu supervenientemente ao julgamento, datado de 7 de novembro de 2019, sendo, portanto, evidente a autonomia da mudança de posicionamento pelo STF, a qual, como salientado, encontrou-se materialmente com a vontade do Poder Legislativo.

Realizadas as considerações sobre os institutos jurídicos similares à Prisão Preventiva, permitindo uma distinção entre as diversas espécies de prisões no ordenamento jurídico brasileiro, cabe aprofundar a abordagem dogmática sobre a Prisão Preventiva propriamente dita.

2. Aspectos gerais sobre a Prisão Preventiva.

O instituto da prisão preventiva pode ser aplicado no curso da investigação policial ou do processo penal, inclusive após a sentença condenatória passível de recurso, devendo a decisão judicial que a decretar

CAPÍTULO 7
A PRISÃO PREVENTIVA E SUA NATUREZA CAUTELAR: MODIFICAÇÕES NORMATIVAS E ASPECTOS RELEVANTES ACERCA DO INSTITUTO PROCESSUAL PENAL

ser devidamente fundamentada, a teor, sobretudo do artigo 312 do CPP[2], antes e depois da modificação legislativa da Lei 13.964 de 24 de dezembro de 2019.

Os entes que podem requerer a decretação da prisão preventiva são o Ministério Público e Autoridade Policial – nesse caso se trata de representação pela prisão preventiva, cabendo destacar que na hipótese de ação penal privada subsidiária da pública, o querelante poderá requerer sua decretação, nos termos do artigo 311 do CPP[3], sendo necessário sublinhar que a modificação legislativa advinda da Lei 13.964 de 24 de dezembro de 2019 não alterou tal aspecto, conforme será abordado adiante.

A decretação da prisão preventiva é vedada nos crimes culposos, e somente pode ser aplicada nos processos penais em que a capitulação do crime seja referente à pena privativa de liberdade máxima superior a 4 anos, tudo em face da exigência do artigo 313, I do CPP[4].

O instituto da prisão preventiva tem como pressupostos o *fumus comissi delicti* - substanciados na prova da materialidade do fato tipificado como crime e indícios suficientes de autoria, conforme positivado no artigo 312 do CPP - e como requisitos ou fundamentos o *periculum libertatis* –

---

[2] Art. 312. A prisão preventiva poderá ser decretada como garantia da ordem pública, da ordem econômica, por conveniência da instrução criminal, ou para assegurar a aplicação da lei penal, quando houver prova da existência do crime e indício suficiente de autoria. (Redação dada pela Lei nº 12.403, de 2011).
[3] Art. 311. Em qualquer fase da investigação policial ou do processo penal, caberá a prisão preventiva decretada pelo juiz, de ofício, se no curso da ação penal, ou a requerimento do Ministério Público, do querelante ou do assistente, ou por representação da autoridade policial. (Redação dada pela Lei nº 12.403, de 2011).
[4] Art. 313. Nos termos do art. 312 deste Código, será admitida a decretação da prisão preventiva: (Redação dada pela Lei nº 12.403, de 2011).
I - nos crimes dolosos punidos com pena privativa de liberdade máxima superior a 4 (quatro) anos;   (Redação dada pela Lei nº 12.403, de 2011).

que se refere aos bens jurídicos postos no artigo 312 do CPP, quais sejam: garantia da ordem pública, da ordem econômica, por conveniência da instrução criminal, ou para assegurar a aplicação da lei penal.

A razão de ser da prisão preventiva possui base sólida. Isso porque intervém na liberdade individual antes do devido reconhecimento de sua culpabilidade por decisão condenatória, mas devidamente justificado como medida excepcional, haja vista que em determinadas ocasiões, a liberdade do acusado compromete substancialmente a aplicação da justiça, uma vez que o mesmo pode em liberdade fugir ou mesmo continuar na empreitada criminosa, violando a ordem pública, como por eventual coação que possa exercer sobre testemunhas, embaraçando o deslinde do processo penal.

Assim, a despeito de que a pessoa tenha praticado um crime, independentemente de sua gravidade, ela detém o direito de ficar em liberdade, até que exista contra a mesma, um titulo executivo judicial criminal condenatório transitado em julgado ou da qual não caiba recurso com efeito suspensivo, pelo que somente aplicável se demonstrada a necessidade da prisão preventiva.

Dentro de tal contexto, Aury Lopes Júnior (2018) criticava[5] (antes da modificação normativa refetente à Lei 13.964 de 24 de dezembro de 2019), a legislação processual penal em sede de prisão preventiva diante da

---

[5] *Verbis*: infelizmente, insiste o legislador brasileiro em permitir a prisão preventiva decretada de ofício, sem suficiente compreensão e absorção das regras inerentes ao sistema acusatório constitucional e a própria garantia da imparcialidade do julgador. A nova redação do art.311 não representou avanço significativo, pois segue permitindo a prisão preventiva de ofício, desde que no "curso da ação penal". O erro é duplo: primeiro permitir a atuação de ofício (juízo ator= ranço inquisitório), conforme exaustiva crítica feita, e, em segundo lugar, por empregar a expressão "no curso da ação penal", quando tecnicamente, o correto é " no curso do processo". Ação processual é um poder político constitucional de invocação da atividade jurisdicional, que uma vez invocada e posta em movimento, dá origem ao processo. O que move, tem "proceder", é o processo e não a ação penal.

CAPÍTULO 7
A PRISÃO PREVENTIVA E SUA NATUREZA CAUTELAR: MODIFICAÇÕES NORMATIVAS E ASPECTOS RELEVANTES ACERCA DO INSTITUTO PROCESSUAL PENAL

autorização normativa para sua decretação de ofício pelo juiz, conforme os termos do artigo 311 do CPP, com redação dada pela Lei nº 12.403 de 2011.

A crítica se lastreiava na violação ao sistema acusatório, e a garantia de imparcialidade do julgador, porquanto a possibilidade de decretação da prisão preventiva de ofício denota o aspecto notoriamente inquisitivo do sistema, bem como no uso terminológico no curso "da ação penal", quando deveria ser no curso "do processo penal", tendo em vista que a ação penal se trata de um poder político constitucional de invocação da autoridade jurisdicional, conforme artigo 129 da Constituição da República Federativa do Brasil de 1988.

2.1 Modificações normativas na Prisão Preventiva antes da Constituição de 1988.

O direito de liberdade e o sistema prisional instituído a partir da edição do Código de Processo Penal em 1941 sofreram diversas alterações em decorrência da necessidade de adaptação às ordens constitucionais, uma vez que houve diversas Cartas Constitucionais no País desde a promulgação da Constituição de 1937, e, considerando a ideologia originária calcada pelo governo de Getúlio Vargas, no sentido de conferir ao Estado um instrumento de força para a sedimentação do regime ditatorial.

Em análise da redação originária do CPP, Walter Nunes (2015), citando Câmara Leal (apud SILVA JÚNIOR, 2015), consigna que reproduzindo o texto constitucional de 1937, o CPP de 1941 preconizava originalmente que exceto na hipótese de prisão em flagrante, o cerceamento do direito de liberdade exigiria ordem escrita⁶.

Assim, a prisão, quando não efetuada em flagrante delito, passou a ser admissível por meio da sentença condenatória, da decisão de pronúncia e do decreto de prisão preventiva. Calha destacar que em relação aos crimes mais graves, o acusado não teria o direito de responder ao processo em liberdade, bastando, para tanto, que tivesse sido preso em flagrante ou então que a pena máxima fosse igual ou superior a dez anos.

A regra, assim, era que, quanto aos crimes mais graves, por medida de segurança, o acusado respondia, por força da lei, o processo encarcerado, até porque eles eram inafiançáveis. Cabe apontar que a prisão preventiva era admissível, em princípio, apenas em relação aos crimes inafiançáveis.

Em tal contexto, cabe esclarecer que a fiança está atualmente inserida no CPP, entre os artigos 321 a 350. Este instituto jurídico sempre foi ligado à liberdade provisória, mas com diferenças, porquanto a liberdade provisória se trata de um direito do acusado de permanecer em liberdade no curso da persecução penal, caso estejam presentes os requisitos legais e se assuma as obrigações decorrentes.

No que se refere à fiança, cabe apontar que se cuida de uma caução, ou seja, uma garantia real, sobretudo prestada em dinheiro, hipoteca ou títulos da dívida pública, no escopo de colocar o indiciado ou acusado em liberdade e vinculá-lo ao processo, constituindo a obrigação de comparecimento nos atos do procedimento penal.

---

[6] *Verbis*: em análise da redação originária do art.282 do CPP, CÂMARA LEAL, após informar que se trata de reprodução do texto constitucional de 1937, agrega que, exceto na hipótese de prisão em flagrante, o cerceamento do direito de liberdade exige ordem escrita.

CAPÍTULO 7
A PRISÃO PREVENTIVA E SUA NATUREZA CAUTELAR: MODIFICAÇÕES NORMATIVAS E ASPECTOS RELEVANTES ACERCA DO INSTITUTO PROCESSUAL PENAL

Fernando da Costa Tourinho Filho (2009) define a fiança como garantia real, ou caução. Consigna o referido autor que se cuida de uma contracautela, no intuito de deixar o indiciado ou réu em liberdade, por meio de uma caução que consiste em depósito em dinheiro, pedras, objetos ou metais preciosos, títulos de dívida pública, federal, estadual ou municipal, ou até mesmo em hipoteca escrita em primeiro lugar.

Guilherme de Souza Nucci (2008) assevera que a fiança é uma espécie do gênero caução, que a seu turno significa garantia ou segurança. Precisamente se trata de caução fidejussória, quando a garantia dada é pessoal, uma vez que é assegurada pelo empenho da palavra de pessoa idônea de que o acusado vai acompanhar a instrução e apresentar-se em caso de condenação; para o autor, essa seria a autêntica fiança. Houve modificação posterior, sendo substituída pela caução real, implicando no depósito ou entrega de valores, o que na ótica e Nucci, desfigurou o instituto da fiança. Assim, atualmente, a fiança se trata de caução real.

Na hipótese de crime afiançável, o cerceamento da liberdade individual somente era autorizado nos casos em que o agente fosse vadio[7], houvesse dúvida quanto a sua identidade ou ele não fornecesse ou indicasse elementos suficientes para esclarecê-la ou fosse reincidente específico em crime doloso (art. 313, incisos I e III do CPP em redação originária).

Desde a origem do CPP de 1941, segundo Walter Nunes (SILVA JÚNIOR, 2015), a prisão preventiva tinha natureza cautelar, de modo que, para a sua decretação, exigia-se, como é próprio das tutelas de urgência, o

---

[7] Vadio é a pessoa que "entregar-se alguém habitualmente à ociosidade, sendo válido para o trabalho, sem ter renda que lhe assegure meios bastantes de subsistência, ou prover à própria subsistência mediante ocupação ilícita" (art. 59 da Lei das Contravenções Penais).

fumus commissi delicti ou probabilidade da condenação, que repousa nos pressupostos da materialidade do fato (tipificado como crime) e da probabilidade da autoria (indícios suficientes da autoria). Contudo, na redação originária do CPP de 1941, esta era a chamada prisão preventiva facultativa.

De tal modo, havia, ao lado da prisão preventiva facultativa, a prisão preventiva obrigatória ou compulsória, nas hipóteses dos crimes com pena cominada igual ou superior a dez anos. Tal previsão normativa não constava da legislação anterior, pelo que se constituiu, segundo (SILVA JÚNIOR, 2015), nas palavras de Câmara Leal, *"... uma grande inovação no capítulo da prisão preventiva, tornando-a obrigatória nos crimes cuja pena máxima igual ou superior à reclusão por dez anos"* (CÂMARA LEAL, ano, Apud Silva Junior, 2015).

Antes da reunificação da competência legislativa para edição de normas processuais pela União, havia sido disciplinada no Código de Processo Penal do Rio Grande do Sul, no art. 194, a prisão preventiva obrigatória. Tal previsão normativa foi declarada inconstitucional pelo Supremo Tribunal Federal, ao argumento de que, conquanto na época os Estados tivessem competência para legislar sobre processo, não podiam afastar-se da legislação federal no tocante ao tema referente às restrições à liberdade individual.

A prisão preventiva obrigatória, de tal modo, não tinha natureza cautelar, pois era prevista em face da quantidade da pena máxima estabelecida para o crime, independentemente da demonstração de sua necessidade para resguardar os bens jurídicos tutelados pelo instituto.

CAPÍTULO 7
A PRISÃO PREVENTIVA E SUA NATUREZA CAUTELAR: MODIFICAÇÕES NORMATIVAS E ASPECTOS RELEVANTES ACERCA DO INSTITUTO PROCESSUAL PENAL

Na vigência da Constituição de 1967, ocorreu substancial modificação no direito de liberdade após a entrada em vigor da Lei n° 5.349, de 3 de novembro de 1967, a qual, mudou o tratamento dado à prisão preventiva no CPP, sublinhando-se a revogação da chamada prisão preventiva obrigatória.

2.1.1 A natureza cautelar da Prisão Preventiva. A Constitução de 1988 como instrumento de garantia do Direito de Liberdade.

A Constituição da República Federativa do Brasil de 1988 albergou e disciplinou a prisão preventiva como medida cautelar, ao positivar no art. 5°, LXVI, que ninguém será levado à prisão, nem nela haverá de ser mantido *"... quando a lei admitir a liberdade provisória"*. De tal modo, tem-se que adequadamente compatível com o princípio da presunção de não culpabilidade, conforme assevera (SILVA JÚNIOR, 2015), posto que em face mesmo dessa cláusula constitucional, tem-se que a prisão processual é medida excepcional à qual somente se deve recorrer quando evidenciada a sua extrema necessidade.

Partindo da premissa acerca do conceito do critério da proporcionalidade nos termos apresentados por Leonardo Martins (2012), como limite material ao poder estatal de restringir uma área de proteção de um direito fundamental, tem-se que diante do vínculo do legislador aos direitos fundamentais, o critério ou razão da proporcionalidade se apresenta como meio adequado à consecução do máximo de poupar a liberdade intervinda.

Os elementos constituintes da proporcionalidade, nos termos do que preleciona Leonardo Martins (2012), referem-se à identificação da intervenção pela relação entre o meio e propósito nela implícitos.

A legitimidade do propósito, ou sua licitude, tem que ser avaliada após a devida identificação e, feita tal avaliação, passa-se a avaliação da legitimidade do meio utilizado, o qual igualmente ao propósito, não pode ser vedado pelo ordenamento jurídico.

A adequação do meio utilizado é calcada na relação entre o meio utilizado (intervenção) e o propósito por ela perseguido, ou seja: trata-se de um exame em que se verifica se a intervenção analisada alcança o escopo pretendido.

Por derradeiro, consta a necessidade da intervenção, no sentido dogmático de poupar a liberdade desenhada pelo direito fundamental o máximo possível, o que é realizado com a escolha do meio menos gravoso (diante da existência de vários meios mais ou menos gravosos que alcancem o mesmo propósito perseguido), tornando os demais meios desproporcionais.

Tendo em vista que os três poderes (legislativo, executivo e judiciário) estão igualmente vinculados aos direitos fundamentais, suas intervenções devem passar pelo crivo da proporcionalidade, conforme preleciona Martins (2012).

Nessa senda, a despeito das diferenças formais e processuais entre tais funções (legislativo, executivo e judiciário) quando intervêem na liberdade individual existem diferenças de ordem material entre as mesmas.

No caso do poder legislativo, conforme anota Martins (2012), as intervenções devem ser avaliadas em face da área de proteção de um direito

CAPÍTULO 7
A PRISÃO PREVENTIVA E SUA NATUREZA CAUTELAR: MODIFICAÇÕES NORMATIVAS E ASPECTOS RELEVANTES ACERCA DO INSTITUTO PROCESSUAL PENAL

fundamental, considerando a ponderação abstrata entre o propósito perseguido e o meio de intervenção.

No caso do exame das intervenções do poder executivo e judiciário, existe a necessidade de um procedimento bifásico, em que primeiro se verifica o fundamento legal da medida interventora e sua constitucionalidade, com a consideração do caso concreto, e, na segunda fase, realiza-se uma ponderação concreta para aferir se a medida em comento atinge a área de proteção delineada por direito fundamental.

Em tal contexto, tendo em vista a liberdade enquanto direito fundamental, verifica-se que o critério da proporcionalidade pode servir de meio para desenhar os limites em que o Estado pode flexibilizar e justificar sua intervenção.

Nesse sentido cabe destacar o posicionamento de Humberto Ávila (2013, p. 190), no sentido de que quando o Poder Público atua em uma generalidade de casos, editando atos normativos, a medida em comento será adequada se abstrata e geralmente, servir ao alcance do fim buscado. Nas hipóteses de casos individuais, anota o autor que a medida será adequada se concreta e individualmente servir para atingir a finalidade almejada. Nos dois casos, a adequação deve ser avaliada no momento da escolha do meio pelo Poder Público, exigindo-se do aplicador exame da proporcionalidade diante de uma análise com aspectos probabilísticos e indutivos.

Para Celso Antônio Bandeira de Mello (2008, p. 110), de modo similar, existe um limite imposto ao interesse público, que seria justamente a proporcionalidade, uma vez que as competências relativas à administração só seriam válidas nos caso em que exercidas na extensão e intensidade proporcionais, ou seja, aquilo que seja necessário ao cumprimento da finalidade de interesse público, e, acaso ultrapasse o mínimo necessário para alcançar a finalidade buscada, configuram-se ilegítimos, posto que a administração, em casos tais, terá extrapolado sua competência.

Necessário esclarecer que a proporcionalidade em sentido estrito, conforme devidamente analisado por Leonardo Martins (2012), como um terceiro fator além dos critérios de adequação e necessidade, apresenta-se como instituto de racionalidade duvidosa.

Isso porque, consoante o esclarecimento de Leonardo Martins (2012), a despeito da proporcionalidade em sentido estrito sugerir a ponderação de valores ou interesses por meio da metáfora da balança, a racionalidade dogmática é suplantada por um critério axiológico, conforme proposto Haberle na senda de um núcleo essencial dos direitos fundamentais. Em mesmo sentido, sublinha-se ainda o postulado de Robert Alexy (2008), com a racionalização da proporcionalidade em face da sua teoria principiológica dos direitos fundamentais.

Em suma a proporcionalidade em sentido estrito para Leonardo Martins (2012) se finca na potencial subjetividade, tendo em vista que ponderar em sentido estrito seria tomar decisões de cunho político e não jurídico.

Anota ainda Leonardo Martins (2012) que proporcionalidade em sentido estrito poderia ser feita apenas pelo poder legislativo, em face da legitimidade democrática e constitucional à função estatal.

De tal modo, tendo-se em vista que a ponderação do operador jurídico não pode ser calcada a partir de um sistema axiológico valorativo encontrado no subjetivo de cada magistrado, o referido autor critica a postulação de tal instituto para as demais funções do Estado, sublinhando a

CAPÍTULO 7
A PRISÃO PREVENTIVA E SUA NATUREZA CAUTELAR: MODIFICAÇÕES NORMATIVAS E ASPECTOS RELEVANTES ACERCA DO INSTITUTO PROCESSUAL PENAL

estreme violação quando utilizado pelo poder judiciário sob o argumento de controle de constitucionalidade na via incidental.

Considerando a liberdade como bem jurídico constitucional, devidamente protegido pela área de proteção da norma definidora de direito fundamental, como já exposto, o critério da proporcionalidade se afigura como elemento clarificador dos limites que o Estado pode flexibilizar dentro da liberdade individual.

A Constituição, como ponto de origem e mais alto grau hierárquico normativo dentro de um ordenamento jurídico, pode e deve ser utilizada como instrumento de garantia.

Refletindo sobre a temática, Ferrajolli (2012) anota que o constitucionalismo rígido se trata de um desdobramento do positivismo jurídico. O autor assevera que o paradigma jus-positivista clássico evoluiu para o constitucionalismo garantista, ou normativo. Tal modificação se operou na submissão formal e material da produção de normas, notadamente as decorrentes da atividade legislativa.

De tal modo, para o autor em comento Ferrajolli (2015) o constitucionalismo garantista se subdivide em três concepções: modelo de sistema jurídico; teoria do direito e filosofia política.

Calha salientar que para Ferrajolli (2012) a base da teoria dos direitos fundamentais, com espeque nos postulados de Dworking e Alexy, refere-se basicamente a distinção entre princípios e regras.

Contudo, formula Ferrajolli (2012) ressalvas aos postulados, anotando que em certos casos as regras também ensejam balanceamento, tal quais os princípios. De tal modo, a aplicação clássica de subsunção do caso concreto à hipótese abstratamente prevista se encontra superada no Estado Constitucional de Direito.

De outra banda, Tavares (2005) anota que a garantia da ordem constitucional encontra como precedente a ideia de defesa do próprio Estado, de modo que é na constituição que o Estado obtém a garantia de sua existência. Assim, as balizas para os limites do Estado devem ser delineadas no âmbito constitucional, por meio da autolimitação do Estado pelo Direito.

A superioridade da Constituição é suficiente para sua hegemonia, assinala Tavares (2005). Nesse sentido, existe a necessidade de controle das leis e sua conformidade com a Carta Magna, com a nulidade dos atos inconstitucionais e efetivo cumprimento.

Nesse diapasão, Tavares (2005) averba que o curador da Constituição se refere à entidade a qual se atribua a função de proteger a Constituição contra eventuais violações. Registra o aludido autor que o ataque as normas constitucionais pode provir de diferentes entidades; tanto do particular, como qualquer dos poderes do Estado pode se transformar em violador da Constituição.

É por tal premissa que Tavares (2005) assinala, com fulcro em Hesse que, quando a "vontade de Constituição" se encontra presente na sociedade, irradiando-se pelos órgãos de Estado, caracteriza que estes sejam curadores da Constituição.

De tal modo, o autor em comento afirma que o controle da constitucionalidade dos atos do poder público exercido pelos cidadãos e sociedade é permeado pela dificuldade ínsita da teoria da nulidade jurídica.

Em tal contexto, com substrato em Kelsen, Tavares (2005) registra que a questão da nulidade de um ato se dá porque objetivamente tal ato se

CAPÍTULO 7
A PRISÃO PREVENTIVA E SUA NATUREZA CAUTELAR: MODIFICAÇÕES NORMATIVAS E ASPECTOS RELEVANTES ACERCA DO INSTITUTO PROCESSUAL PENAL

configura irregular, ou seja, possui vício que o desqualifica a surtir efeitos jurídicos, não sendo necessário outro ato para retirar sua qualidade de ato jurídico no sistema, haja vista que se assim fosse, seria um caso de anulabilidade e não de nulidade.

Tratado a problemática do controle de constitucionalidade dos atos do poder público, mister destacar como efetivar tal controle, retomando a proposição posta por Tavares no sentido de "vontade de Constituição".

Nesse sentido, Tavares (2005 apud SCHMITT, 2007) para asseverar que a formação de uma consciência constitucional é possível, de modo que cada cidadão poderia ser eventual protetor da Constituição. O autor faz referência também a tese de Schmitt, atinente ao Chefe do Poder Executivo como fiscal ou curador da Constituição.

A tese de Schmitt teve como ponto de partida, segundo Tavares (2005) o postulado de Benjamim Constant, com a "teoria do poder neutro", a qual propunha que o Chefe do Estado fosse considerado o fiscal por natureza da Constituição. Ainda, conforme Tavares, a tese de Schmitt colidia com a tese de Kelsen, no sentido do curador da Constituição ser o Tribunal Constitucional, funcionando como Corte de Vértice do sistema.

Assim, na vigência Constituição da República Federativa do Brasil de 1988, o juiz tem o dever de fundamentar a decisão expondo a motivação referente à prova da ocorrência do crime e aos indícios suficientes da autoria, bem como em face do *periculum libertatis*, que se manifesta com a presença de um dos fundamentos para a decretação da prisão processual.

Em tal contexto, nos termos da Constituição da República Federativa de 1988, o indivíduo, a despeito de eventual crime praticado, não perde o seu direito de liberdade apenas figurar como investigado em inquérito policial ou acusado em processo penal, porquanto para que haja seu cerceamento de liberdade é imperioso que exista pelo menos uma das situações legais que autorizam a prisão preventiva ou temporária.

2.1.1.1 Modificações normativas na Prisão Preventiva após a promulgação da Constituição de 1988. Pacote anticrime.

Em decorrência do ordenamento jurídico engendrado com a Constituição de 1988, verificou-se imperiosa a necessidade de reforma do sistema processual penal como um todo, conforme anota (SILVA JÚNIOR, 2019). Diante da dificuldade de aprovação de um novo Código de Processo Penal, adotou-se, a ideia da Reforma Tópica, devidamente analisada por Walter Nunes.

Dentro do contexto da Reforma Tópica do Código de Processo Penal, o Congresso Nacional aprovou a Lei nº 12.403, de 4 de maio de 2011, denominada por Walter Nunes (SILVA JÚNIOR, 2019) como segunda etapa da Reforma Tópica. A Lei nº 12.403, de 2011, como devidamente analisado por (SILVA JÚNIOR, 2019), seguindo as linhas gerais da Reforma Tópica e, no escopo de seguir as diretrizes de diplomas internacionais e da Constituição de 1988, lançou regras cujo escopo é à desconstrução da parte do Código de Processo Penal mais afim com a sua origem fascista: a referente ao sistema de prisões.

Imperioso destacar sobre a prisão preventiva que, no final do ano de 2019, precisamente em 24 de dezembro do ano em comento, foi promulgada a Lei 13.964 decorrente do projeto de lei 10.372/18, chamado pacote anticrime, a qual modificou vários dispositivos do Direito Penal, do Direito Processual Penal, bem como da Execução Penal.

CAPÍTULO 7
A PRISÃO PREVENTIVA E SUA NATUREZA CAUTELAR: MODIFICAÇÕES NORMATIVAS E ASPECTOS RELEVANTES ACERCA DO INSTITUTO PROCESSUAL PENAL

Em tal contexto, mister apontar as modificações referentes à prisão preventiva, posto que, como já exposto, a última modificação ocorrera no ano de 2011, por meio da Lei nº 12.403, de 4 de maio do ano em comento, denominada por Walter Nunes (SILVA JÚNIOR, 2019) como segunda etapa da Reforma Tópica.

A aplicação de ofício de prisões preventivas pela Jurisdição, ou seja, a possibilidade do juiz aplicar a medida cautelarmente sem existir pedido do Ministério Público, foi modificada, posto que apenas possível sua decretação à requerimento do Parquet, do assistente de acusação ou por representação da autoridade policial.

Isso porque foi suprimida a expressão "de ofício" do artigo 311 do Código de Processo Penal, restando, pois, a seguinte redação: *"Em qualquer fase da investigação policial ou do processo penal, caberá a prisão preventiva decretada pelo juiz, a requerimento do Ministério Público, do querelante ou do assistente, ou por representação da autoridade policial".*

Merece o destaque para fins de comparação e compreensão da modificação efetuada a redação anterior, *verbis*: *"Em qualquer fase da investigação policial ou do processo penal, caberá a prisão preventiva decretada pelo juiz, de ofício, se no curso da ação penal, ou a requerimento do Ministério Público, do querelante ou do assistente, ou por representação da autoridade policial".*

Tal modificação se coaduna com as alterações instituídas em outras partes do CPP, como o artigo 3-A, que preconiza o processo penal com estrutura acusatória, bem como o artigo 282, §2º e §4º, onde foram suprimidas as expressões "de ofício" dos dispositivos referentes as medidas cautelares.

O artigo 312 do CPP foi alterado, passando a constar como texto adicional os pressupostos de aplicação, além da prova da existência do crime e indício suficiente de autoria, indício suficiente de perigo gerado pelo estado de liberdade do imputado. Houve acréscimo do §2º do mesmo artigo, com a redação, *verbis*: "*A decisão que decretar a prisão preventiva deve ser motivada e fundamentada em receio de perigo e existência concreta de fatos novos ou contemporâneos que justifiquem a aplicação da medida adotada*".

Sobre tal acréscimo atinente ao §2º do artigo 312 do CPP, calha destacar que seu teor se coaduna com o princípio de presunção de não culpabilidade, bem como se encaixa perfeitamente com a natureza cautelar da prisão preventiva, porquanto se passa a exigir expressamente que a decisão seja não apenas fundamentada, mas alicerçada em perigo e existência concreta de fatos novos ou contemporâneos.

Ainda, na mesma senda, houve acréscimo de texto decorrente da Lei 13.964 de 24 de dezembro de 2019, referente ao §2º do artigo 313 do CPP, com a seguinte redação: "*Não será admitida a decretação da prisão preventiva com a finalidade de antecipação de cumprimento de pena ou como decorrência imediata de investigação criminal ou da apresentação ou recebimento de denúncia*".

Desta feita, a modificação supra, reafirma o caráter nitidamente cautelar da prisão preventiva, vendando expressamente sua aplicação em casos de inexistência do *periculum libertatis*.

O artigo 315 do CPP passou a ter os §§ 1º e 2º, com cinco incisos, além da modificação no Caput, para acrescer a expressão fundamentada, conformando-se com o artigo 93, IX da Constituição. O §1º positiva a densidade normativa à expressão "motivada" do Caput, colocando que o

CAPÍTULO 7
A PRISÃO PREVENTIVA E SUA NATUREZA CAUTELAR: MODIFICAÇÕES NORMATIVAS E ASPECTOS RELEVANTES ACERCA DO INSTITUTO PROCESSUAL PENAL

juiz deverá indicar concretamente a existência de fatos novos ou contemporâneos que justifiquem a medida adotada, ou seja, envidencia, mais uma vez a natureza cautelar do instituto. O §2º preconiza os parâmetros para expressão "fundamentada".

Nessa linha, cabe apontar que a conformação com o artigo 93, IX da Constituição se dá de modo analítico, e no mesmo sentido da Constituição, registrando-se nos incisos do §2º do artigo 315 que não se considera fundamentada a decisão que: *"se limitar à indicação, à reprodução ou à paráfrase de ato normativo, sem explicar sua relação com a causa ou a questão decidida[8]"*; *"empregar conceitos jurídicos indeterminados, sem explicar o motivo concreto de sua incidência no caso[9]"*; *"invocar motivos que se prestariam a justificar qualquer outra decisão[10]"*; *"não enfrentar todos os argumentos deduzidos no processo capazes de, em tese, infirmar a conclusão adotada pelo julgador[11]";" limitar-se a invocar precedente ou enunciado de súmula, sem identificar seus fundamentos determinantes nem demonstrar que o caso sob julgamento se ajusta àqueles fundamentos[12]"; deixar de seguir enunciado de súmula, jurisprudência ou precedente invocado pela parte, sem demonstrar a existência de distinção no caso em julgamento ou a superação do entendimento[13]"*.

Constata-se que as inclusões emprestam um teor analítico à conformação do artigo 93, IX da Constituição, implicando via de

---

[8] Inciso I do §2º do CPP decorrente da Lei 13.964 de 24 de dezembro de 2019.
[9] Inciso II do §2º do CPP decorrente da Lei 13.964 de 24 de dezembro de 2019.
[10] Inciso III do §2º do CPP decorrente da Lei 13.964 de 24 de dezembro de 2019.
[11] Inciso IV do §2º do CPP decorrente da Lei 13.964 de 24 de dezembro de 2019.
[12] Inciso V do §2º do CPP decorrente da Lei 13.964 de 24 de dezembro de 2019.
[13] Inciso VI do §2º do CPP decorrente da Lei 13.964 de 24 de dezembro de 2019.

consequência, a nulidade da decisão que não observar os parâmetros postos, e, homenageando de maneira detalhada o aspecto cautelar da prisão preventiva. Na mesma linha, foi acrescido o Inciso V ao artigo 564 do CPP, para deixar estreme de dúvidas que se considera nula a decisão em decorrência da carência de fundamentação.

Nesse contexto, cabe apontar que a Lei 13.964 de 24 de dezembro de 2019 não alterou o artigo 316 do CPP a parte do dispositivo que permite ao juiz revogar a prisão preventiva de ofício, situação jurídica que já se coadunava com o sistema acusatório, porquanto o juiz, deparando-se com uma ilegalidade, ou diante da inexistência dos fatos concretos que outrora subsidiaram a aplicação da prisão preventiva, mande soltar o acusado ou investigado, em observância ao direito de liberdade, que tem matriz constitucional.

Houve substancial modificação da prisão preventiva no que se refere à sua duração, uma vez que, considerando-se sua natureza cautelar, ou seja, tendo-se em vista que sua duração de aplicação era indeterminada diante dos bens jurídicos que visa proteger, a Lei 13.964 de 24 de dezembro de 2019 acrescentou um parágrafo único ao artigo 316 do CPP, *verbis:* *"Decretada a prisão preventiva, deverá o órgão emissor da decisão revisar a necessidade de sua manutenção a cada 90 (noventa) dias, mediante decisão fundamentada, de ofício, sob pena de tornar a prisão ilegal."*

Com a modificação supra referida, o juiz deverá avaliar a necessidade da continuação da prisão preventiva a cada 90 dias, e, no caso de que em alguma dessas avaliações, perceber que a prisão não é mais necessária, deve decretar a soltura do preso, evitando o alongamento

CAPÍTULO 7
A PRISÃO PREVENTIVA E SUA NATUREZA CAUTELAR: MODIFICAÇÕES NORMATIVAS E ASPECTOS RELEVANTES ACERCA DO INSTITUTO PROCESSUAL PENAL

desnecessário da prisão, mormente ante a ausência dos fatos ensejadores de sua aplicação.

Nessa senda, verifica-se que a reforma, neste particular, caminha em direção à ideia de sistema acusatório plasmado na Constituição de 1988, em oposição ao sistema inquisitorial da redação original do Código Penal, de 1941.

Assim, necessário se faz definir o que seria um sistema jurídico em geral, para que se possa entender em dimensão dogmática a temática em comento.

2.1.1.1.1 Sisitema Acusatório como espécie do gênero Sistema Jurídico.

O sistema acusatório é uma espécie de sistema jurídico, um conjunto de elementos inter-relacionados. A fim de delinear um conceito de sistema jurídico, Juarez Freitas (1998) aborda a relação entre as normas de um dado ordenamento jurídico indicando a distinção entre vontade do legislador, também designada *voluntas legislatoris* e a vontade da lei, nominada no brocardo latido *voluntas legis*; a interpretação pode variar a depender do enfoque hermenêutico dado, notadamente se acolhido um ou outro modelo (vontade da lei ou do legislador).

Em tal contexto, o autor suso referido Freitas (1998) informa as necessidades de coerência lógica mínima do ordenamento jurídico. Com tais pontos, Freitas (1998) afasta uma concepção puramente normativista da conceituação sobre o que seria sistema jurídico. Para o aludido autor, o núcleo do sistema jurídico se constitui a partir de valores e princípios que transcendem a lógica puramente estrita.

Dentro de tais circunstâncias, os postulados de soluções de antinomias conforme Bobbio (1995) tem ampla aplicação, notadamente as três concepções tradicionais, a saber: *lex posteriori derrogati priori, lex superior derrogat inferiori e lex especialis derrogat generalis*, nem como o aspecto teleológico e as exigências dos princípios fundamentais.

Assim, para Freitas (1998), a conceituação de sistema jurídico, em contraponto a concepção exegética (cunhada no paradigma positivista) deve ser necessariamente aberta e não fechada.

Dentro de tal busca pela conceituação de sistema jurídico, adotando os ensinamentos de Karl Laurenz, registra Freitas (1998) que o sistema jurídico é aberto notadamente em face da produção contínua de normas, estas distintas muitas vezes entre si em face do teor axiológico de seu conteúdo.

Esclarece ainda Freitas (1998) que o sistema jurídico, por meio de mecanismos próprios, tais como o legislador e a jurisprudência, pacifica a disparidade axiológica normativa existente dentro de sua estrutura em um dado momento, de modo que o sistema se configura aberto de modo heurístico no lapso temporal político da perspectiva histórica da qual se analisa.

O autor em comento, Freitas (1998), aduz, em conformidade com Canaris, a fim de traçar a essência da conceituação do sistema jurídico, asseverando que o sistema jurídico se trata de ordem axiológica ou teleológica de princípios gerais do Direito; entretanto, vai além o aludido autor, consignando que um aspecto que não pode ser olvidado na conceituação de sistema jurídico é a hierarquização, seja axiológica ou principiológica.

CAPÍTULO 7
A PRISÃO PREVENTIVA E SUA NATUREZA CAUTELAR: MODIFICAÇÕES NORMATIVAS E ASPECTOS RELEVANTES ACERCA DO INSTITUTO PROCESSUAL PENAL

Assim, arremata Freitas (1998) que a conceituação de sistema jurídico pode ser delineada como rede axiológica e hierarquizada de princípios gerais e tópicos, de normas e de valores jurídicos cuja função é dar cumprimento aos princípios e objetivos fundamentais do Estado Democrático de Direito nos termos da Constituição.

Oportuno destacar a posição de Luigi Ferrajolli (2012) sobre a temática, no sentido de que o Constitucionalismo equivale a um sistema jurídico, no qual um conjunto de limites, assim entendidos os direitos fundamentais, são rigidamente impostos a todas as fontes jurídicas, sejam elas substanciais, formais, procedimentais e etc. Trata-se de um raciocínio em que os aspectos formais são considerados, mas o teor dos enunciados normativos deve ser observado de modo a aferir a coerência com os princípios constitucionalmente plasmados na ordem jurídica.

O autor em comento Ferrajolli (2015) assevera ainda que a característica primordial do positivismo, em contraponto ao modelo acima proposto, é a concepção de conjunto de normas válidas, assim entendidas as produzidas por uma autoridade legitima e competente, sendo relevante apenas a dimensão formal, ou seja, o conteúdo não é relevante para o controle e coerência com o sistema jurídico.

Em tal contexto, o paradigma jurídico decorrente da Constituição da República Federativa do Brasil de 1988 permite o controle hermenêutico normativo da aplicação do direito pelo conteúdo material da norma, possibilitando um conjunto de interpretações adequadas à proteção do direito fundamental de liberdade.

Sobre o sistema acusatório, especificamente nos pontos abordados, sublinha-se que se homenageia a não distribuição de carga probatória, ou seja, o processo penal, garantindo a ampla defesa do acusado, preconiza, a partir de talo modificação, que acusação providencie e apresente as provas ensejadoras da aplicação da prisão preventiva; não é o acusado que tem de provar que é inocente, mas sim a acusação que tem que provar que o mesmo é culpado.

O juiz se afasta das partes para tomar uma posição equidistante, formando uma relação jurídica processual triangular, cujo vértice é o Estado, personificado na pessoa do magistrado, conforme o postulado de Oscar Bulow, com sua obra *la teoría de las excepciones dilatórias y los presupuestos procesales* (teoria dos pressupostos processuais e das exceções dilatórias), publicado em 1868, conforme anota (LOPES JÚNIOR, 2018).

O processo penal em tal contexto passa a ser verdadeiramente uma relação jurídica de natureza pública, que se estabelece entre as partes e o juiz, resultando em reciprocidade de direitos e obrigações processuais, consoante também prelecionado por (LOPES JÚNIOR, 2018).

Considerações finais

Com as alterações normativas e os aspectos apontados no presente capítulo, verifica-se que se homenageia os princípios constitucionais da Constituição de 1988, quais sejam: dignidade da pessoa humana, presunção de inocência e duração razoável do processo, bem como o direito de liberdade.

Tendo em vista uma concepção protetora de uma Constituição, revela-se possível o postulado de aplicação do direito tendo como lastro a garantia de direitos e segurança jurídica de proteção à liberdade,

CAPÍTULO 7
A PRISÃO PREVENTIVA E SUA NATUREZA CAUTELAR: MODIFICAÇÕES NORMATIVAS E ASPECTOS RELEVANTES ACERCA DO INSTITUTO PROCESSUAL PENAL

notadamente considerando que se cuida de direito fundamental de ordem essencial à experiência da própria vida do indivíduo em sociedade.

Nesse contexto, as alterações normativas decorrentes do designado pacote anticrime merecem serem comemoradas, posto que se coadunam com um modelo de sistema jurídico garantista, caracterizado pela positivação dos princípios, que passam a regular a produção normativa em geral do sistema.

Portanto, trata-se de um passo firme no sentido de implementação ao sistema acusatório no processo penal, dotanto a Constituição de 1988 de efetividade no concernente às garantias referentes ao direito de liberdade.

Fica adequado com o constitucionalismo garantista, caracterizando-se pelo dever ser constitucional em face do ser legislativo, que cumpriu seu papel ao engendrar no ordenamento jurídico a reforma do pacote anticrime.

Entretanto, não é suficiente apenas a hegemonia constitucional calcada no escalonamento hierárquico normativo da ordem jurídica, porquanto a realidade impõe que a Carta constitucional seja tutelada, ou guardada; em última análise: protegida para proteger.

Considerando os aspectos atinentes a uma hermenêutica garantista, com fulcro na Constituição de 1988, resta possível afirmar que a Carta Magna do ordenamento jurídico em vigor serviu de parâmetro hermenêutico interpretativo de proteção do direito de liberdade, balizando os limites normativos do pacote anticrime no que se refere ao instituto da Prisão Preventiva.

Bibliografia

ALEXY, Robert. **Teoria dos Direitos Fundamentais**. São Paulo: Malheiros, 2008.

ÁVILA, Humberto. **Teoria dos princípios**. 14. ed. São Paulo: Malheiros, 2013.

BETIOL, Giuseppe. **O problema penal**. 2. ed. Coimbra: Coimbra Editora, 1973.

BOBBIO, Norberto. **Teoria do ordenamento jurídico**. 6. ed. Brasília: Universidade de Brasília, 1995.

BONAVIDES, Paulo. **Curso de Direito Constitucional**. 15. ed. São Paulo: Malheiros, 2004.

BONIFÁCIO, Artur Cortez. **Direito de petição:** garantia constitucional. São Paulo: Método, 2004.

BOKENFORDE, Ernst-Wolfang. **Grundrecthstheorie und Grundrecthsinterpretation**. In: BOKENFORDE, Ernst-Wolfang. Recht, Saat, Freiheit. Frankfurt am Main: Suhrkamp, 1976.

BRASIL. **Constituição da República Federativa do Brasil de 1988**. Disponível em: http://www.planalto.gov.br/ccivil_03/constituicao/constituicao.htm. Acesso em: 28 jun. 2020.

BRASIL. **Decreto-Lei nº 3.688, de 3 de outubro de 1941.** Lei das Contravenções Penais. Disponível em: http://www.planalto.gov.br/ccivil_03/decreto-lei/del3688.htm. Acesso em: 28 jun. 2020.

BRASIL. **Lei n. 12.403, de 4 de maio de 2011.** Altera dispositivos do Decreto-Lei nº 3.689, de 3 de outubro de 1941 - Código de Processo Penal, relativos à prisão processual, fiança, liberdade provisória, demais medidas cautelares, e dá outras providências. Disponível em:

CAPÍTULO 7
A PRISÃO PREVENTIVA E SUA NATUREZA CAUTELAR: MODIFICAÇÕES NORMATIVAS E ASPECTOS RELEVANTES ACERCA DO INSTITUTO PROCESSUAL PENAL

http://www.planalto.gov.br/ccivil_03/_Ato2011-2014/2011/Lei/L12403.htm#art1. Acesso em: 28 jun. 2020.

BRASIL. **Lei n. 13.964, de 24 de dezembro de 2019.** Aperfeiçoa a legislação penal e processual penal. Disponível em: http://www.planalto.gov.br/ccivil_03/_Ato2019-2022/2019/Lei/L13964.htm#art3. Acesso em: 28 jun. 2020.

CADEMARTORI, Luiz Henrique Urquhart; DUARTE, Francisco Carlos. **Hermenêutica e argumentação neoconstitucional.** São Paulo: Atlas, 2009.

CANOTILHO, J. J. G. **Direito constitucional e teoria da constituição.** 4. ed. Lisboa: Almedina, [s.d.].

CLÉVE, Clemerson Merlin, **A Teoria Constitucional e o Direito Alternativo, Estudos em homenagem a Gustavo Henrique de Carvalho.** São Paulo: Revista dos Tribunais, 2002.

DWORKIN, Ronald. **Levando os direitos à sério.** São Paulo: Martins Fontes, 2002.

FERRAJOLLI, Luigi. **Constitucionalismo principialista e constitucionalismo garantista.** Disponível em: https://www.passeidireto.com/arquivo/43679520/constitucionalismo-principialista-e-constitucionalismo-garantista. Acesso em: 29 jun. 2020.

FERRAJOLLI, Luigi. **Garantismo, hermenêutica e (neo)constitucionalismo:** um debate com Luigi Ferrajolli. Porto Alegre: Livraria do Advogado, 2012.

FREITAS, Juarez. **A interpretação sistemática do Direito.** 2. ed. São Paulo: Malheiros, 1998.

GRAU, Eros Roberto. **Por que tenho medo dos juízes.** 6. ed. São Paulo: Malheiros, 2014.

GÜNTHER, Klaus. **Teoria da argumentação no direito e na moral.** São Paulo: Landy, 2004.

HABERMAS, Jürgen. **Direito e democracia:** entre facticidade e validade. Tradução de Flávio Beno Siebeneichler. Rio de Janeiro: Tempo Brasileiro, 1997.

HART, Herbert L. A. **O conceito de direito**. 3. ed. Lisboa: Fundação Calouste Gulbenkian, 2001.

HESSE, K. **A força normativa da Constituição**. 2013. Disponível em: https://edisciplinas.usp.br/pluginfile.php/4147570/mod_resource/content/0/A%20Forca%20Normativa%20da%20Constituicao%20%20-%20Hesse.pdf. Acesso em: 28 jun. 2020.

LIMA, Renato Brasileiro de. **Curso de processo penal**. Niterói: Impetus, 2013.

LOPES JÚNIOR, A. **Direito Processual Penal**. São Paulo: Saraiva, 2018.

LUHMANN, Niklas. **Ausdifferenzierung des Rechts**: Beitrag zur Rechtssoziologie und Retchstheorie. Frankfurt: Suhrkamp, 1981.

MARTINS, L. **Liberdade e estado constitucional:** leitura jurídico-dogmática de uma complexa relação a partir da teoria liberal dos direitos fundamentais. São Paulo: Atlas, 2012.

MELLO, Celso Antonio Bandeira. **Curso de direito administrativo**. 25. ed. São Paulo: Malheiros, 2008.

MIRANDA, Jorge. **Manual de direito constitucional**. Coimbra: Coimbra Editora, 2006.

MORAIS, Fausto Santos de. **Hermenêutica e pretensão de correção:** uma revisão crítica da aplicação do princípio da proporcionalidade pelo Supremo Tribunal Federal. Universidade do Vale do Rio dos Sinos, São Leopoldo, 2013.

MÜLLER, Friedrich. **Teoria estruturante do direito**. 3. ed. São Paulo: Revista dos Tribunais, 2011.

CAPÍTULO 7
A PRISÃO PREVENTIVA E SUA NATUREZA CAUTELAR: MODIFICAÇÕES NORMATIVAS E ASPECTOS RELEVANTES ACERCA DO INSTITUTO PROCESSUAL PENAL

NUCCI, Guilherme de Souza. **Código de processo penal comentado**. 8. ed. São Paulo: Revista dos Tribunais, 2008.

NUCCI, Guilherme de Souza. **Manual de processo penal e execução penal**. São Paulo: Revista dos Tribunais, 2014.

REGLA, Josep Aguiló. Do império da lei ao estado constitucional: dois paradigmas jurídicos em poucas palavras. *In:* RIBEIRO, Eduardo (coord.). **Argumentação e estado constitucional**. São Paulo: ícone, 2012.

SCHIMTT, Carl. **O Guardião da Constituição**. Belo Horizonte: Del Rey, 2007.

SILVA JÚNIOR, W. N. **Curso de direito processual penal**: teoria (constitucional) do processo penal. Natal /RN: OWL, 2015.

SILVA JÚNIOR, W. N. **Reforma tópica do processo penal**: inovações aos procedimentos ordinário e sumário, com o novo regime das provas e principais modificações do júri e as medidas cautelares pessoais (prisão e medidas diversas da prisão). Natal/RN: OWL, 2019.

SILVA, Virgílio Afonso da. **Direitos fundamentais**. 2. ed. São Paulo: Malheiros, 2011.

SUNDFELD, Carlos Ari. **Fundamentos de Direito Público**. 4. ed. São Paulo: Malheiros, 2004.

TAVARES, André Ramos. **Teoria da Justiça Constitucional**. São Paulo: Saraiva, 2005. Cap. 1 e 2.

TOURINHO FILHO, Fernando da Costa. **Manual de processo penal**. Saraiva: São Paulo, 2009.

TOURINHO FILHO, Fernando da Costa. **Processo penal**. São Paulo: Saraiva, 2005.

www.ingramcontent.com/pod-product-compliance
Lightning Source LLC
Chambersburg PA
CBHW070622220526

45466CB00001B/78